陈万辉◎编著

人才是利润最高的商品，
能够经营好人才的企业才是最终的赢家。

企业凝聚力的塑造

吉林文史出版社

图书在版编目（CIP）数据

企业凝聚力的塑造/陈万辉编著.--长春:吉林
文史出版社,2017.4
ISBN978-7-5472-4022-9

Ⅰ.①企…Ⅱ.①陈…Ⅲ.①企业管理－组织管理学
Ⅳ.①F272.9

中国版本图书馆CIP数据核字(2017)第088651号

企业凝聚力的塑造
QIYENINGJULIDESUZAO

编著：陈万辉
责任编辑：程明张城伟
封面设计：浩天
出版发行：吉林文史出版社
电话：0431-86037509
地址：长春市人民大街4646号
邮编：130021
网址：www.jlws.con.cn
印刷：三河市天润建兴印务有限公司
开本：720mm×1000mm1/16
印张：18
字数：200千字
版次：2017年7月第1版
印次：2017年7月第1次印刷
书号：ISBN978-7-5472-4022-9
定价：49.80元

前言

团队凝聚力是指团队对成员的吸引力，成员对团队的向心力，以及团队成员之间的相互吸引，团队凝聚力不仅是维持团队存在的必要条件，而且对团队潜能的发挥有很重要的作用。一个团队如果失去了凝聚力，就不可能完成组织赋予的任务，本身也就失去了存在的条件。

团队凝聚力的产生有内外两方面的因素。内在因素来自成员与团队本身，外在因素来自环境的压力。团队凝聚力可以是团队成员关于情境的理解与反应趋向一致的过程，也可以是成员对他人行为的附和，也可以是成员共同持有一种特定的价值观。

每年秋天大雁都会从寒冷的北半球飞往温暖的南半球，可是由北往南的路程有两万多公里，一路上大雁们会遭遇到各种各样难以克服的困难。其他的候鸟很少能像大雁一样胜利飞到目的地。为什么大雁能够如此成功地飞越千山万水呢？

事实上，单独的一只大雁是很难飞到南半球的。与其他候鸟相比，大雁的生理条件自叹弗如。可它们是怎样到达目的地的呢？

原来大雁是通过集体行动来实现的。大雁在天空飞翔时，处在领头位置的大雁会承担很大的气流阻力，在后面位置的大雁按照"人"字形排列，可以大大减少气流的阻力，节省体力。过一段时间后，领头的大雁会排到后面，由另一只大雁接替它带头领飞。这样，大雁们通过交替领飞来节省体力，共同飞向目的地。在晚间休息的时候，大雁们则轮流放哨，共同得到一个安全的休息环境。

这个故事给了我们什么启示呢？这个故事给我们的启示是：大雁是通过团队精神来克服自然界的一切困难的。一滴水要想不干涸的唯一办法就是放入大海中。弱小的个体团结起来就是一股强大的力量。多少年来，我们的企业能够在激烈的市场竞争中生存下来，并兴旺发达，与我们的团结协作精神，或者说团队凝聚力是分不开的。

我们知道，现代年轻人在职场中普遍表现出的自负和自傲，使他们在进入工作环境方面显得缓慢和困难。他们缺乏团队合作精神，项目都是自己做，不愿和同事一起想办法，每个人都会做出不同的结果，最后对公司一点儿用也没有。

事实上，一个人的成功不是真正的成功，团队的成功才是最大的成功。对每一个上班族来说，谦虚、自信、诚信、善于沟通、团队精神等一些传统美德是非常重要的，团队精神在一个公司，在一个人的事业发展中都是不容忽视的。

由此不难看出，一个团队、一个集体，对一个人的影响十分巨大。善于合作、有优秀团队意识的员工，整个团队也能带给他无穷的收益。一个个体想在工作中快速成长，就必须依靠团队，依靠集体的力量来提升自己。

目录

第一章 企业团队

　　每一个生活在社会舞台中的人，都必须扮演着团队中的某个角色。大河有水小河满，大河无水小河干。脱离了团队，即使得到了个人的成功，往往也是变味儿和苦涩的。

第二章　打造完美团队

团队，是一个人生存的必要环境。每个人在社会上生存，都离不开各式各样的团队，小到一个家庭、大到一个单位，团队构成我们生活不可缺少的一部分。

第三章　实现合作双赢

再强大的士兵都无法战胜敌人的围剿，但我们联合起来，就可以战胜一切困难，就像成群结队的行军蚁一样，消灭掉一切阻挡在自己眼前的东西。

第四章　沟通才有团队

有效的沟通是一种艺术。正因为我们常面临到沟通的问题，所以我们要朝着这方面去发展，并学习各种技巧。

第五章　团队需要有效指导

　　要想成为一个卓越的团队组织，就必须在团队精神建设方面有好的建树，必须把团队精神的教育与良好人际关系的建立紧密结合起来。拥有团队精神的团队，会使每一个团队成员都心情舒畅、干劲十足、协作性强，并能够创造出骄人的业绩。

第六章 团队变革

一个团队，只有在竞争中打造一个好的团队模式，才能适应团队的各种变化。

第一章

企业团队

　　每一个生活在社会舞台中的人，都必须扮演着团队中的某个角色。大河有水小河满，大河无水小河干。脱离了团队，即使得到了个人的成功，往往也是变味儿和苦涩的。

合作才能成功

每一个公司都是一个团队，而团队的组织纪律几乎决定了这个集体的凝聚力与战斗力。

现在，网上点击率最高的军事视频之一是新中国建国60周年大阅兵的视频。凡是看过的人，没有谁不为整齐划一的步伐而惊叹，甚至许多国外媒体若非亲眼所见都会怀疑这段视频的画面是经过合成处理的。当成百上千人化成"一个人"在行动时，震撼不言而喻，胜利也已不远。没有完美的个人，只有完美的团队。个人再完美，也就是沧海一粟，而一个团队、一个优秀的团队才是无边的大海。

团队的意义不仅在于"人多好办事"，还在于通过团队实现对个人力量的整合，从而凝聚成一股强大的动力。

在西点军校里，为了增强学员彼此的团队精神和凝聚力，学校特设了"巴克纳野战营"来达到实训的目的。那里的演练是紧张而残酷的，其中一项活动是把学员分成每组35人左右的几个小组，让各组在几小时之内完成组合桥梁的任务，这是必须依靠团队合作才能完成的任务。这种组合桥，每一块桥面和梁柱都有几百公斤重，光是要抬起一块桥面，就需要一大群人的力量。尽管很困难，但是大家还是能够在规定的时间和条件下完成搭建任务的。

由此可见，一个优秀团队的凝聚力和竞争力是不容忽视的。把自己的力量融入集体之中，就仿佛是35个小矮人一下变身成为一个大巨人。就仿佛真的只有这一个巨人在搭积木。让我们再看一个例子来体会团队协调作用的力量。

索尼公司是世界上著名企业，之所以能有今天的巨大成就，与其"家庭式"的管理方法是分不开的。在索尼公司，每一个员工都被视为大家庭的一分子，每个员工都能够发表自己独特的观点，但是，又强调员工之间要像在一个家庭中生活一样互相配合、协调。最后，公司得到了员工们同等的回报——积极工作并对公司忠诚，于是索尼公司获得了巨大的、可持续的事业成功。

这些事实启示我们，要想成为一家卓越的企业，就必须在团队精神的建设方面有很好的建树，必须在队伍的凝聚力方面有很好的突破。因此，一个企业的文化和共同目标必须明确，而且必须让每一个员工都主动参与进来，很好地融合在一起。

今天的竞争是人才的竞争。人才竞争的内在含义，不仅仅是企业与员工整体素质的竞争，更重要的是企业与员工凝聚力水平的竞争，因此，评价一个人，也不能单单看个人的技能和素质，更重要的是看他是否具有团队精神，是否能够很快地找到自己在其中的位置并发挥一定的作用。评价一个企业，不仅要比较企业员工的素质，更要比较哪家企业员工的人心最齐。团队成员希望并需要领导者前后一致。他们必须有一个预期：在巨大的变化来临之时，他们需要时间准备不适。如果你手下的人认为"团队"仅仅是你用于鼓舞士气的一个名词，他们相应地也会把它当一个名词看。在你需要他们团结一致克服逆境的时候，他们甚至可能无视你的存在。

如果你是一个渴望获得成功的人，又找到了一个值得为之付出努力的团队，那么就没有什么好犹豫的，尽管在其中发挥自己最高的水平吧，努力地把自己的努力和团队的信念相融合。要知道：只有统一的思想才有统一的行动力；只有统一的行动力才可能获得高效，进而成功。

🐛 什么是团队

什么是团队呢？

所谓团队，是指一群互助互利、团结一致为统一目标和标准而坚毅奋斗到底的一群人。团队不仅强调个人的业务成果，更强调团队的整体业绩。团队是在集体讨论研究和决策以及信息共享和标准强化的基础上，强调通过队员奋斗得到胜利果实，这些果实超过个人业绩的总和。

古人云：人心齐，泰山移。团队的核心是共同奉献。这种共同奉献需要每一个队员能够为之信服的目标。要切实可行而又具有挑战意义的目标，能激发团队的工作动力和奉献精神，为企业注入生命活力。

团队的精髓是共同承诺。共同承诺就是共同承担团队的责任。没有这一承诺，团队如同一盘散沙。做出这一承诺，团队就会齐心协力，成为一个强有力的集体。很多人经常把团队和工作团体混为一谈，其实两者之间存在本质上的区别。优秀的工作团体与团队一样，具有能够一起分享信息、观点和创意，共同决策以帮助每个成员能够更好地工作，同时强化个人工作标准的特点。但工作团体主要是把工作目标分解到个人，本质上是注重个人目标和责任，工作团体目标只是个人目标的简单总和，工作团体的成员不会为超出自己义务范围的结果负责，也不会尝试那种因为多名成员共同工作而带来的增值效应。此外，工作团体常常是与组织结构相联系的，而团队则可突破企业层级结构的限制。

团队精神与集体主义意识有着微妙的区别，团队精神比集体主义更强调个人的主动性，而集体主义则强调共性大于个性。诚信、创新是内在的、自律的，因而不可能在强制的条件下发挥出来，必须以个人的自由、个人独立为前提，在此前提下合作的人们才有可能形成一个整体。

高强度竞争的21世纪，已进入经济全球化的时代，这是一个追求个人价值实现与团队绩效双赢的时代。现代企业的经营模式，需要团队严密组织、团结协作，才能共同赢得未来。一个现代公司要在市场竞争中立于不败之地，立于强者之林，最关键的是要具有市场认可的品牌以及良好的售后服务体系，这些知名品牌产品在生产、创建和推广宣传中凝结的员工的心血和汗水，就是整个团队精诚的合作、高效运作、诚实守信、勤勉敬业、创新进取精神体现。一个没有精神追求的公司团队，将是一个失去方向感的组合，必定会在残酷的现代商业社会中失去自我，迷失在前进的歧路上。狼的坚强意志，才是真正不可战胜的。

这是一个追求个人价值实现的时代，一个追求个人价值实现与团队绩效双赢的时代。个人单打独斗的时代已经远去，团队合作的时代已到来。现在，我们每一个公司仍然要提出打造虎狼之师的口号，使我们的员工既要像兽中之王老虎那样有以一当十的王者风范、英雄气概、雄厚实力，又要有像群狼那样分工合作、精诚团结的以十当一的精神，每个人知道自己在团队中的位置和作用，把个人目标与团队公共目标合二为一。

由此我们联想到公司的发展，团队精神是公司真正核心竞争力之所在。市场竞争就是团队协作能力的竞争，许多在市场竞争中立于不败之地获得成功的公司，无不体现出公司精诚合作的团队精神。

我们提倡的"诚实守信、勤勉敬业、团结协作、创新进取"公司精神，就是把全体员工聚集在公司团体精神的旗帜下，面对严峻的市场形势，坚持以科学发展观为统领，转变观念，发愤图强，努力增强公司的自主创新能力，进一步加快和推进公司产业结构的调整和经济增长方式的转变，不断提高企业经济增长率，让我们公司的品牌屹立于国际现代企业知名品牌之林，要求我们每一个员工为了公司团体利益，为了目标最终实现，必须学会与人相互协作，这将使你变得更为强大。

那么，团队精神有什么用？

1. 目标导向功能

团队精神的培养，使店内员工齐心协力，拧成一股绳，朝着一个目标努力，对单个营业员来说，团队要达到的目标即是自己所努力的方向，团队整体的目标顺势分解成各个小目标，在每个员工身上得到落实。

2. 凝聚功能

任何组织群体都需要一种凝聚力，传统的管理方法是通过组织系统自上而下的行政指令，淡化了个人感情和社会心理等方面的需求，而团队精神则通过对群体意识的培养，通过员工在长期的实践中形成的习惯、信仰、动机、兴趣等文化心理，来沟通人们的思想，引导人们产生共同的使命感、归属感和认同感，反过来逐渐强化团队精神，产生一种强大的凝聚力。

3. 激励功能

团队精神要靠员工自觉地要求进步，力争与团队中最优秀的员工看齐。通过员工之间正常的竞争可以实现激励功能，而且这种激励不是单纯停留在物质的基础上，还能得到团队的认可，获得团队中其他员工的尊敬。

4. 控制功能

员工的个体行为需要控制，群体行为也需要协调。团队精神所产生的控制功能，是通过团队内部所形成的一种观念的力量、氛围的影响，去约束规范、控制职工的个体行为。这种控制不是自上而下的硬性强制力量，而是由硬性控制向软性内化控制；由控制职工行为，转向控制职工的意识；由控制职工的短期行为，转向对其价值观和长期目标的控制。因此，这种控制更为持久有意义，而且容易深入人心。

🐾 培养团队精神

对于成功的公司组织而言，道理也是如此。公司中的每一位成员，不仅仅需要尽个人的本分，更必须善于合作，并且能够随时担负起领导职责的能力，这也是一个成功公司的生存根本。

杰克是德国汉高公司梅州分公司经理凯文手下的员工。杰克在该分支机构服务了40多年，算是元老级人物了。他业务娴熟，头脑灵活，能够胜任一般员工很难完成的工作。因此他所负责的区域是颇具挑战性的。但杰克有个管理者不欢迎的毛病：脾气特倔，爱钻牛角尖，不能服从大局。

最近的短短半个月内，杰克就出了两单让凯文头疼的事情。

杰克的相邻区域出现紧急情况，凯文指派杰克协助其同事处理。杰克坚决不从，理由是该同事以前曾经拒绝帮助他。凯文做其工作，甚至命令其执行，杰克仍然不从。事情后来通过其他花费更大的途径解决了。按照公司的有关规定，凯文完全可以炒掉杰克。鉴于杰克后来认错态度好，凯文给杰克发了封警告信。

另外一件事情是杰克未按公司规定处理一单业务，经主管提醒，仍不做改进。结果错过了可以弥补的机会，遭到客人的投诉，对公司的声誉造成极坏的影响。凯文再也无法容忍这样的员工，当天就把他开除了。

我们要保持清醒的头脑，抛弃私心杂念，脚踏实地干实事，倡导团队协作精神，齐心协力，为了公司的前途，相互帮忙、相互沟通，把工作做好，只有维护了公司的利益，个人的利益才能得到保障，我们的团队才更加有战斗力。

团队精神往往像天气一样每个人都在谈论它，但常常没有人去为它做些什么。团队精神不是靠高谈阔论和深奥的推理得来的，而是将态度、共同的目标和经验融于一体并付诸实践的结果。狼群是一个团体，它们为了团体的利益，可以牺牲一切。它们知道自己是谁，它们为相互依存而活。

如今，我们的团体及其成员面临各种困难，在困惑中不知所措，而狼群却仍旧保持着轻松愉快、默契配合、高效率行动和同甘共苦的生活模式。如果将狼群生存的法则用在公司管理模式，因为它代表一种工作方式的转变，是工业经济时代的线性分级制向新经济时代的环形结构转变的结果。

但是并不是所有的管理都需要团队建设来完成，通过在一项工作中，个人的贡献最具价值，比如走访客户的维修工程师，就无须过于强调团队的作用，相反，在一个个人贡献的价值相对较弱的工作中，特别需要强调团队的作用，团队表现的价值高于一切。

成功的团体也是如此，每位成员不仅要承担自己的义务，他也有义务去承担这部分责任。可能在为难的时候，还要准备随时承担更大的责任，一个团队的生命力很可能就维系于此吧。在公司与公司的竞争中，不仅是战略、财力、关系的竞争，更是一个团队与另一个团队的精神竞争。只有那些善于合作、纪律严明、富有效率的公司，才可能在竞争中获胜。

21世纪，将是一个团队至上的时代。所有事业都将是团队事业。依靠个人的力量已经不能取得什么成就了。个人并不能编织出生活的网络，我们只不过是其中的一根线。我们为这个网络做的任何事情，实际上也是为了我们自己。一切都注定在一起，一切都是相连的。

老牧民圣地亚哥是我见过的最具传奇色彩的人物，他一生都在与狼打交道。从10岁开始一直到73岁用猎枪打死最后一只狼，他一共打死了300多只狼。虽然很多读者都和我一样对狼有着诚挚的爱，但我们不能指责圣地亚哥。在草原上，牧民和狼群是永远的敌人。虽然彼此都是对方存在的障碍，但这样的敌对关系永远不会改变。

圣地亚哥仇恨狼，因为牧民的羊群经常被狼群袭击；圣地亚哥也喜爱狼，因为在捕杀狼的过程中，他经常被狼身上的某种精神所感动。

圣地亚哥老人最喜欢听狼嗥的声音。在月明星稀的深夜，狼群发出一声声凄厉、哀婉的嗥叫，老人经常为此泪流满面。他认为那是来自天堂的声音，因为那种声音总能震撼人们的心灵，让人们感受到生命的存在。老人说："我认识这个草原上所有的狼群，但并不是在形体上能区分它们，而是通过声音——狼群在夜晚的嚎叫。每个狼群都是一个优秀的合唱团，并且它们都有各自的特点以区别其他的狼群。在许多人看来，狼群的嚎叫并没有区别，可是我的确听出了不同狼群的不同声音。"

狼群在白天或者捕猎时很少发出声音，但它们却喜欢在夜晚仰着头对着天空嚎叫。对于狼群的嚎叫，许多动物学家都进行过研究，但都不能确定这种嚎叫的意义。也许是对生命孤独的感慨，也许是通过嚎叫表明自身的存在，也许仅仅是深情的歌唱——一种艺术行为。

在一个狼群内部，每一只狼都具有自己独特的声音，这声音与群体内所有其他成员的声音不同。但是，当狼群深情地嚎叫时，它们却成为一个最完美的整体。狼群虽然有严格的等级制度，也是最注重整体的物种，但这丝毫不妨碍它们个性的发展和展示。即使是具有最大权力的阿尔法狼，也没有权力去要求其他的狼模仿自己的声音嚎叫，也没有权力去要求其他的狼模仿自己的行为。

在狼群中，每一头狼都要尊重其他狼的嚎叫，因为那是狼个体与团队最和谐的表现。

在人类社会中，很少能看到像狼那样把个体与团队结合得如此完美的团队。我们总是走到两个极端，要么过于追求个体的价值实现而忽视整体的利益，要么注重整体的利益而牺牲个体的利益，很难达到两者的平衡。

在一个企业或者团队中，每一个成员都要面临着这样的问题，走哪个极端都不是好的解决办法。一个优秀的员工一定要在两者之间取得平衡。同时，个体与整体之间并不一定是互相抑制、此消彼长的绝对对立。相反，优秀的员工不仅能在两者之间取得平衡，还能让两者产生互相促进的作用。

一个优秀的团队，把各种人才聚合在一起。大家会在工作中对别人进行了解，在沟通中能发现别人的许多优点。这时，聪明的员工总能发现自己的不足和别人的长处，取长补短，虚心向周围的人学习。同时，大家也会为了共同的目标而改变自己以前不好的生活和工作习惯，使自己变得更加优秀。

什么是团队精神？我们是否可以说就是在一个团队里有这样一种氛围：能够不断地释放团队成员潜在的智慧；能够让员工深感被尊重和被重视；鼓励坦诚交流，避免恶性竞争；用多种岗位找到最佳的协作方式；为了一个统一的目标，大家自觉地认同必须担负的责任和愿意为此而共同奉献，无条件地坚决执行团队的任务。

到底什么是团队？看起来这不像一个难以回答的问题。在现代社会，团队似乎随处都可以见到，而人们也早已毫无节制地使用这个词了。可是如果我们认真思考"到底什么样的团队才能够使工作做得出色、什么样的团队管理才能够真正提高团队的工作效率"时，那就不是一件轻松的事情了，这就必须要追本溯源，回到对"团队"的定义上来。

《团队的智慧》的两位国际知名作者琼·卡扎巴赫、道格拉斯·史密斯一再强调要精确地区分团队和一般性的集团：团队不是指任何在一起工作的集团。团队工作代表了一系列鼓励倾听、积极回应他人观点、对他人提供支持并尊重他人兴趣和成就的价值观念。也就是说，我们最不可忽视团队工作效率的培养，团队精神的形成，其基础是尊重个人的兴趣和观念。设置不同的职位，选拔不同的人才，给予不同的待遇、培养和鼓励，让每一个成员都拥有特长，都表现特长、而这样的氛围越浓厚越好。

但是，有个性的人才只是团队的一个最基本的条件。团队的目标就是要创造出比团队成员个人所能创造出的总和更多的价值，这也是团队存在的意义。这就需要团队的每个成员都具有团队精神。那么，何谓团队精神？我认为，团队精神就是所有团队成员都为了一个共同的目标，自觉地担负起自己的责任，并甘愿为了团队而牺牲自己的某些利益。

团队精神，简单来说就是大局意识、协作精神和服务精神的集中体现。团队精神的基础是尊重个人的兴趣和成就。核心是协同合作，最高境界是全体成员的向心力、凝聚力，反映的是个体利益和整体利益的统一，并进而保证组织的高效率运转。团队精神的形成并不要求团队成员牺牲自我，相反，挥洒个性、表现特长保证了成员共同完成任务目标，而明确的协作意愿和协作方式则产生了真正的内心动力。团队精神是组织文化的一部分，良好的管理可以通过合适的组织形态将每个人安排至合适的岗位，充分发挥集体的潜能。如果没有正确的管理文化，没有良好的从业心态和奉献精神，就不会有团队精神。

团结精神的作用

一个没有精神追求的公司团队，将是一个失去方向感的组合，必定会在残酷的现代商业社会中失去自我、迷失在前进的歧路上。狼的坚强意志可以给每一个身处团队之中的公司成员以启发，只有联合起来的意志，才是真正不可战胜的。韦尔奇领导的通用团队无比优秀是大家有目共睹的。

有一天下午两点，一个德国的经销商打来电话，要求通用必须在两天内发货，否则订单自动失效。而两天内发货意味着当天下午所有的货物就必须装船，而此刻正是星期五下午两点，如果按海关、商检等有关部门下午五点下班来计算的话，时间只有三个小时，而按照一般程序，做到这一切几乎是不可能的。

如何将不可能变为可能，此时通用优良的团队精神显示了巨大的能量，他们采取齐头并进的方式，调货的调货、报关的报关、联系船期的联系船期，全身心地投入到工作中，抓紧每一分钟，使每一个环节都顺利通过。

当天下午五点半，这位经销商接到了来自通用货物发出的消息，他非常吃惊，吃惊再转为感激，还破了十几年的惯例向通用写了感谢信。通用公司奇迹般地崛起和茁壮成长，不仅仅得益于它的统军人物韦尔奇，还得益于韦尔奇麾下的整个团队中的每位员工的努力。"人的价值高于物的价值，共同价值高于个体价值，共同协作的价值高于独立单干的价值，社会价值高于利润的价值。"这就是通用的公司精神。时代的列车行驶到21世纪，世界舞台上少了战场上的硝烟，多了商场上的竞争，这是一个追求个人价值实现的时代，一个追求个人价值实现与团队绩效双赢的时代。

戴尔·卡耐基指出：每一个人都应该努力根据自己的特长来设计自己、量力而行。根据自己所处的环境、条件、才能素质、兴趣等，确定前进方向。不要抱怨环境与条件，应努力寻找有利条件；不能坐等机会，要自己创造条件；拿出成果来，获得了社会的承认，事情就会好办一些。从事科学研究的人不仅要善于观察世界，善于观察事物，也要善于观察自己，了解自己，进而认识自己。

我们为了成就一番事业，应该怎样认识自己呢？每个人的生命都有意义，都有缘由，如果我们不知道它的意义和缘由，或者不清楚我们想要的是什么，我们的潜能就会被无端地浪费掉。

我的一位朋友曾经对我讲过一个故事，这个故事说的是有一只老鼠跑进迷宫去找奶酪，它跑进一条通道，转过弯，越过一个障碍还是没有找到奶酪，但这只老鼠一点儿也不气馁，它对自己说："我在这里没有找到奶酪，真是太好了，我终于可以去找另外一条通道了，我一定要那块奶酪，我已经闻到奶酪的香味了，它就在某处。"

于是这只老鼠跑进另一条通道，转几个弯，越过几个障碍，终于找到奶酪。当老鼠吃完奶酪之后，它静下心来想道："如果我一走错了通道，就放弃了，我哪能吃到如此美味的奶酪呢？如果我不相信自己，不相信奶酪就在某个地方，我哪能吃到如此美味的奶酪呢？如果我对自己没有一个清楚的认识，能够坚持直到找到奶酪为止，我怎么能吃到如此美味的奶酪呢？"老鼠想到这里，它欣悦地笑了。

这个故事告诉我们，在每一个人身上都蕴藏着待开发利用的潜能，而我们很多人没有成功，就是缺少老鼠这种不达目的不罢休的精神，所以说，只要我们能够正确地认识自己，就能感受到一个人的强大力量，这种力量可以支持一切成功。

正如张其金在《目标就是一切》一书中所写："不要丧失自我，不要丧失信心，我们一定要认识自我，这是能够让我走向成功的唯一理由。"

市场竞争的法则是优胜劣汰、讲究团队作战，只有像狼群一样，才能获胜。公司团队必须要像狼一样，具备合作、勇气、毅力和智能，才能不断击败竞争对手，赢得先机。同时，团队中每个人也要有独狼意识，能够在某一个领域独当一面。应该说，"狼群杀阵"和"独狼意识"是现代公司管理的一个重要部分，如果将狼群的生存法则运用到公司中去，必将大大提高公司的整体竞争能力。

现代公司要具有狼的团结精神，不仅个人要像一匹狼一般顽强，同时每一个员工都要像狼一样——有强烈的生存意识，懂得在竞争中取胜。这种狼的精神能够贯穿整个公司的文化，并且让每一个员工领悟。

套用到公司文化上面，就是每个人都有独特的一面，在某一方面能够独当一面；同时又是一个整体，每个人以自己独特的能力为团队贡献力量，行动迅速，理念一致，这样才能取得成功。

一个优秀的团队应该是一个有机整体，有一个共同的荣誉目标，并为这个目标努力奋斗。成员之间的行为相互依存、相互影响，并且能很好合作，追求集体的成功，是团队中的每个成员都习惯改变以适应环境不断发展变化的要求。

人心齐，泰山移，团结就是力量。团队精神可以使团队保持活力、拥有创新、焕发青春、积极进取。就像步调一致的雁群一样，齐心协力，互帮互助，并在心中产生一种力量，激励自己前进，一起飞向灿烂美好的明天。

对于西点学员来说，他们十分尊敬那些为建立国家而英勇斗争的人们。不仅敬佩他们的勇气、忘我的投入和自我牺牲精神，而且佩服他们的远见卓识和使命感。

他们知道自己在为一个有潜力、能为人民创造良机的国家的自由和未来而战。团队共同一致的目标使人具有无限的力量。W·克莱门特·斯通说："当你明确了自己的任务的重要性时，你会感到这是对自己的一种需要，它使你感到兴奋并热切地希望马上开始工作。"这种愿望对一个团队来说是不可或缺的。

良好的团队管理可以通过合适的组织形态将每个人安排至合适的岗位，充分发挥集体的潜能。如果没有正确的管理文化，没有良好的从业心态和奉献精神，就不会有团队精神。

将一群人组建成一个团队需要团结，需要在利益和方向上达成共识。这种共识有助于目标的达成，因为团队所追求的目标不仅对每一个成员很重要，同时对整个团队也很重要。一个共同的荣誉目标对于每个成员来说也是一个很好的激励作用。

管理者要能为团队制订共同的目标，或者在成员中建立起一种共同的语言，达成某种共识并为此努力。倘若能经常出现下面的对话那就再好不过了——"你知道我想要什么""像上次那样做""去干吧"。

下面举一个足球队的例子：球队是一个典型的团队，由前线、中场、后卫、守门员构成，球队的目的就是要赢球。可为什么同样的球员，不同的教练，成绩会有很大的差别？原因就在于：教练换了，球队所遵循的训练方法和程序也就变了，从而影响整个球队的风格和士气。

一个团队的共同目标就是要"赢"，要争取荣誉。所有成员都要认同这一共同目标，遵循为达到目标所设定的一套程序，让所有的成员都知道要做什么，以及如何协调彼此的努力，这就是方法。而这种方法如何才能顺利地施行，是需要全体成员聚在一起研究和探讨的，只有一个获得大家一致认可的可行的方案出来了，凝聚力才能得以最好的体现，荣誉也才能离这个球队越来越近。

对一个团队来说，要想成功就需要拥有那些重视每一步、专心致志、做出成效的人。

　　为了争取团队荣誉，有时需要个人做出牺牲，好的队员把团队的利益放在个人利益之上，这是完成团队任务所必需的。为了完成任务，西点学员可以先牺牲个人的目标，来配合其他队员实现团队的共同目标。

　　团队教给成员的不仅仅是团结和协作，还有对人生的选择，对利益的取舍，这些也都是每一个想要争取成功的人所必备的优秀品质。我们也不妨设想一下自己能为所在的团队牺牲什么，或者说付出什么。

　　团队是大家的团队，自己是自己的自己，我们没有理由放弃自己，我们也没有理由放弃团队，更没有理由放弃由此而获得的荣誉。

🐺 树立团队至上的精神

为了让我们更好理解什么是团队精神，我在这里引用一个比较有名的也挺有意思的实验：

准备一个大笼子，在笼子顶部安装喷淋装置，在笼子的一端悬挂一只香蕉，再安放一架梯子通向香蕉，然后在笼子的另一端放进四只猩猩。

猩猩甲第一个发现香蕉，它开始向香蕉走去，当他的手触摸到梯子时，实验操作人员立刻把笼子顶端的喷淋装置打开，笼子内顿时下起了"倾盆大雨"，猩猩甲立即收回双手遮住脑袋，其余三猩猩只也匆忙用双手遮雨，等没有猩猩触摸梯子时，喷淋装置关闭。

"雨过天晴"，猩猩甲又开始准备爬梯子去够香蕉，当它的手再次触摸到梯子时，又开启喷淋装置，众猩猩又慌忙用双手遮雨，等没有猩猩碰梯子时，喷淋装置关闭。

猩猩甲似乎领悟到被雨淋和香蕉之间的模糊关系，终于放弃取得香蕉的念头，开始返回笼子的另外一端。

过了一段时间，猩猩乙准备试一试，它走到梯子跟前，当手碰到梯子时，喷淋开启，大家慌忙避雨。猩猩乙放弃拿香蕉的念头，匆忙逃回到笼子的另一端，此时关闭喷淋装置。

又过了一阵儿，猩猩丙准备试试它的运气，当它向梯子走去的时候，另外三只猩猩担心地望着它的背影，尤其是猩猩甲和猩猩乙，当然，猩猩丙也不能逃过厄运，它在瓢泼大雨中狼狈地逃回到伙伴当中。

饥饿折磨着猩猩，猩猩丁虽然看到了三只猩猩的遭遇，但仍旧怀着一点儿侥幸向梯子走去，它也许在想："我去拿可能不会像那三个倒霉蛋那样点儿背吧？"当它快要碰到梯子时，实验操作人员正准备打开喷淋装置，没想到另外三只猩猩飞快地冲上去把猩猩丁拖了回来，然后一顿暴打，把可怜的猩猩丁仅存的一点儿信心也从肚子里打了出来。

现在，四只猩猩老老实实地待在笼子的另一端，眼巴巴而又惶恐不安地望着香蕉。

实验人员把猩猩甲放出来，然后放进猩猩戊，这只新来的猩猩看到了香蕉，高高兴兴地向梯子走去，结果被猩猩乙、丙、丁拖回来一顿猛捶。它对挨揍的原因不大明白，所以在攒足了劲儿后，又向梯子走去，它想吃那只香蕉，同样的结果，三只猩猩又把它教训了一顿。虽然还是不明白为什么挨揍，但它现在明白了那只香蕉是不能去拿的。

实验人员又把猩猩乙放出来，再放进猩猩己，在动物本能的驱使下，猩猩己准备去拿香蕉，当手快要碰到梯子时，另外三只猩猩迅速地把它拎了回来，然后一顿暴打。猩猩丙和猩猩丁知道它们为什么要揍这只猩猩，然而，猩猩戊却不太明白它为什么要揍猩猩已，但是它觉得自己必须得揍它，因为当初别的猩猩也这么揍过自己，揍猩猩已肯定有它的道理。

现在猩猩已也老实了，实验人员把猩猩丙和猩猩丁也相继放出来，换进新的猩猩，不言自明的是，它们也被拳打脚踢地上了几"课"。

等四位"元老"都被换走之后，结果这四只新的猩猩还是一样，老老实实地待在笼子的另一端，眼巴巴而又惶恐不安地望着香蕉。

从这个实验里我们不仅能够理解什么是团队精神，还可以领悟到团队精神对一个企业的影响。

团队精神不是一句口号，也不是虚无缥缈的东西。团队精神就体现在我们身边的一些小事上，实实在在。

团队精神是我们的核心，是我们出行活动的保障，是我们要大力提倡并继续发扬的。

人们可以用不同的方式去解读团队精神，但团队精神的实质却是一个。

团队精神，是大局意识、协作精神、服务精神的集中体现。

团队精神的基础是尊重个人的兴趣和成就，核心是协同合作，最高境界是全体成员的向心力、凝聚力，反映的是个体利益和整体利益的统一。

团队精神是团队的灵魂，每一个成员都应该感受到团队精神的存在，并受其影响。

团队的凝聚力，是当个人目标和团队目标一致的时候，才能更深刻地体现出来。

团队的合作意识，是成员间互敬互重、礼貌谦逊；彼此宽容、尊重个性的差异；彼此间相互信任；成就共享、责任共担。

团队的服务精神，表现为团队成员对团队事务的尽心尽力及全方位的投入。

一个优秀的领导者，是决定团队命运和发展方向的核心。但一个团队就是一个王国，王国里没有智囊团是不行的。

一个好"国王"是懂得把自己天生的领导能力与集体中每个人的智慧相结合的。

每个人有每个人的长处，在关键时刻，我们更要懂得怎样用人，怎样协调他们之间的关系。即使他们的能力相同，也会有更好的协调方法。各司其职，各尽其力，使得资源得到最优化的配置。下面是《三国演义》中张辽大败孙权的故事，从中我们就可看出曹操高明的领导协调能力。曹操在赤壁之战的失败，是他一生中最大的挫折，苦心经营起来的83万大军被周瑜一把火烧光，他本人靠在华容道哀求关羽才勉强逃得性命，所以在南郡安歇后"仰天大恸"。虽然他推口说："吾哭郭奉孝耳！若奉孝在，决不使吾有此大败也！"其实他是心痛自己所遭受的重大损失，这一点，每个读者都可以想到。故事发生在曹操回许都收拾人马准备报仇之前，他不能容忍孙权、刘备再扩大战果，于是留下曹仁、曹洪守荆州，张辽率领乐进、李典守合肥。他想荆州处于孙权、刘备的夹击之下，一定吃紧，因此除了派夏侯惇守襄阳，配合曹仁作战外，还给曹仁密留一计，吩咐说："非急休开，依计而行，使东吴不敢正视南郡。"

形势发展的结果和曹操的愿望差别很大。曹仁完全按照曹操的安排与周瑜作战，并且在形势急迫时撕开曹操留下的计谋，依计行事，射伤了周瑜。不想周瑜将计就计，诡称伤重而死，诱使曹仁离城出去，造成诸葛亮乘虚而入，夺取荆州。

曹操没有过多过问的张辽在合肥却是另外一种情况。第一战，面对孙权亲征，主动出击，先射杀了孙护卫将领宋谦，再用计射杀了孙权麾下的著名的将领太史慈，迫使孙权收兵。第二战，曹操专门派人授意："若孙权至，张李二将军出战，乐将军守城。"张辽认为曹操的命令与自己面对的实际情况差别很大，于是说："主公远征在外，吴兵以为破我必矣。今可以兵出迎，奋力与战，折其锋锐，以安众然后可守也。"李典"素与张辽不睦"，于是不表态。乐进对打硬仗缺乏信心，于是建议全力守城。张辽说："公等皆是私意，不顾公事。吾今自出迎敌，决一死战。"激发起李典、乐进先公后私的情感，三人一起出战，在逍遥津把孙权打得大败。

我们不妨深想一下，曹仁、曹洪、夏侯惇等人在本领上并不次于张辽，他们作为曹操的兄弟，在忠心程度上应当说胜过张辽，为什么在具体的战斗中远不如张辽呢？这就是具体行动中，对成员间责任感和灵活度的最高要求。曹操反复叮咛、亲授妙计，反而束缚住了曹仁、曹洪、夏侯惇等人的手脚。曹操不大管得过来的张辽，可以自己制订自己的战略战术，结果却取得重大成功。

　　这说明，具体行动中，责任感的最高要求是掌握一份灵活的坚定。一个人的协调能力与事业成败有着极为密切的关系。作为一个欲成大事的人，必须有出色的组织协调能力，才能在面对突发情况时让你的计划迅速展开，坚定自己的目标和任务，灵活变通地处理具体的事务，协助整体团队获得最终的胜利。

　　团队之中，整体是第一位的，但是不管什么样的整体都是由个体构成的，忽略了个体的创造性和灵活性是要不得的，也是无法取得胜利的。这是优秀的领导者都应该明白的道理。

　　所以，一旦懂得了这个道理，现实生活中，不管对方是谁，一个领导者、上司、教师甚至家长，都会给自己的员工、下属、学生或子女提供一个让他们表现自我的机会，意识到自己对于全体的不可或缺性。作为一个领导者，高明之处应该在于，让团体中的每一个人的聪明才智和力量都能得到有效的发挥。

🦅 团队需要协作

在一个公司中，所需要发扬的正是狼的集体主义意识和协作精神，它是人的社会属性在当今的公司和其他各社会团体内的重要体现，事实上它所反映的就是一个人与别人合作的精神和能力。

一个优秀的员工总是具有强烈的团队合作意识——团队成员间相互依存，同舟共济，互敬互重，礼貌谦逊。彼此宽容，尊重个性的差异，彼此间是一种信任的关系，待人真诚，遵守承诺，相互帮助，互相关怀，大家彼此共同提高，利益和成就共享、责任共担。

在一个优秀的团队中，每个成员都在尽心尽力地工作。在优秀的团队中工作让他们产生特有的热情和冲动。团队成员们会把自己的全部精力都投入到团队的工作上去，并且为了团队的利益而牺牲个人的利益。他们把团队的工作看成自己的事业，团队的成功就是团队每个成员的成功。

团队成员为团队付出了很多，作为团队的领导者应该让他们感受到团队对他们所做的一切满怀感激。领导者应该真正站在员工的角度思考问题，为他们解决一些生活上的困难，解除他们的后顾之忧。

奖励机制在团队中必不可少。团队的成员为团队做出了贡献，就一定要给予他们奖励。当然，奖励并不一定是物质上的，也可以是精神上的。但不管怎样，一定要让团队成员感觉到自己受到了公平的对待，受到了重视。

一个人的能力是有限的，当一项工作或人物远远超出个人能力范围时，进行团队协作就势在必行。团队不仅能够完善和扩大个人的能力，还能够帮助成员加强相互理解和沟通，把团队任务内化为自己的任务，真正做团队工作的主人，这样的团队会战胜一切困难，赢得最终的胜利。而作为这样的团队成员也会在团队协作这个过程中迅速地成长起来。

麦肯锡公司有一次在招聘人员时，一位履历和表现都很突出的女性一路过关斩将，在最后一轮小组面试中，她伶牙俐齿，抢着发言，在她咄咄逼人的气势下，小组其他人几乎连说话的机会也没有，然而，她落选了，人力资源经理巴瓦名托认为，这个女性尽管个人能力超群，但明显缺乏团队合作精神，招这样的员工对公司的长远发展有害无益。

团队是一个有机的、协调的并且有章可循的结构合理的整体。这个整体的能力并不是他的所属成员的能力的简单相加，而是一种无论在数量上还是质量上都远远超出其每个成员能力的新的力量。

　　一个高效率的团队是一个表现优秀、内部成员和外界均感到满意的工作集体。他总是同高难度的工作任务、成员的全身心投入，通力协作以及对创新矢志不渝的追求紧密联系在一起。无论是案例分析、小组项目咨询，还是从事行业分析工作，团队精神是否能得到发扬，都是决定工作成果的最为重要的原因。

　　成功的团队合作随处可见，无论一支足球队、一个公司、一个研发团队，还是一个军队，成员的合作无间对于团队的成功至关重要，没有哪个成功的团队不需要合作。良好的合作氛围是高级小团队的基础，没有合作就谈不上最终很好的业绩。在团队中往往更能够充分体现个人的价值，因而宽容、善于合作、具有团队精神的人取得成就的机会就更大。协作永远是使自己受益也让别人受益，而只顾自己的人不会让别人受益自己也不会受益。只有懂得协作的人，才能明白协作对自己、别人乃至整个团队的意义。一个放弃协作的人，也会被成功所放弃。

🐺 团队需要奉献精神

有些人看来，团队精神似乎与理智动作没有多大的因果关系，大多数时候，它不过是一种共同的目标，一种同时工作的体验。

不要忘记工作赋予你的荣耀，不要忘记你的责任，不要忘记你的使命。一个轻视工作的人，必将得到严厉的惩罚。你是一个清洁工，就有义务忍受垃圾的气味，但是你是否在整天抱怨呢？是否思考过自己的责任了呢？

只要你还在工作，你就没有理由不认真对待工作。当我们在工作中遇到困难时，当我们试图以种种借口来为自己开脱时，让这句话来唤醒你渗水的意识吧：记住，这是你的工作！

世界上很少有报酬丰厚却不需要承担任何责任的便宜事。想要一时不负责任当然有可能，但要免除世间所有责任可得就要付出巨大的代价。当责任从前门进来，你却从后门溜走，你失去的可是伴随责任而来的机会！对大部分的职位而言，报酬和所承担的责任有直接的关系。

主动要求承担更多的责任或自动承担责任是成功必备的素质。大多数情况下，即使你没有被正式告知要对某事负责，你也应该努力做好它。如果你能表现出胜任某种工作，那么责任和报酬就会接踵而来。

凡是负责任的人，世界都会赋予他巨大的褒奖，不仅是金钱还有荣誉。负责任就是积极担负起属于你的事情，而不是被动地完成。

这就是说，当你被告知过一次后再做同类事情就不需要再被告知了。

另外一些人，他们直到被告知过两次后才去做事情，这类人得不到荣誉也得不到金钱。仅次于主动去做应该做的事情的，是有人告诉你怎么做事，立刻去做！

还有一类人，只有当他们被逼无奈时，才会去做事。这类人只会遭到漠视，收入当然十分微薄。这些人一生中大部分时间都在盼望幸运之神降临到自己身上。更次等的人，只在被人从后面踢时，才会去做他应该做的事，这种人大半辈子都在辛苦工作，却不停地抱怨运气不佳。

大家都有一套推脱责任的办法，大家都不愿面对现实，更不愿背负自己的担子。这种态度对于我们所追寻的理想、所期望的目标、所经营过程中的那番苦心，都是一种很大的打击。

推脱责任成了一部分人的思维定式，一遇到事情，就习惯地说不，这样久而久之，连他们本来能够胜任的东西也不擅长了。等待他们的，似乎只有一种结局：庸庸碌碌，无所作为。

难道我们就无所作为了吗？当然不是，除了尽职，一切本于善意，在我们小小的责任和关注之下，尽量发挥自己的力量。

是的，假使我们能做到这一步，也已经够了。我们不需要把整个世界的众人压在肩头或心头。只要我们耕耘一小块土地，担任一小部分任务，整个世界就会完美许多。假使我们英勇坚毅、竭尽心力去做，那就更好了。

如果团队中每一个人每天都能老老实实、诚诚恳恳地尽职尽责，那么许多人的成就累积起来，便极为可观，有了众多人的努力，就像千片雪花可以滚成一个大雪球一样，就能在世界上汇成一种无比的力量了。

不论是团队工作、公司业务，个人对团体的尽心是让团体前进的原动力。但如果没有人能身体力行团队精神，一个团队就只能成为一个羊群，我们需要的是公司中的团队精神，能够为团队放弃自我的牺牲精神。

团队中需要牺牲精神

这是一个个人利益至上的时代，一切活动都围绕着个人价值的实现而展开。我们创造了一个又一个的英雄神话，并且对这些英雄顶礼膜拜。但越来越多迹象表明，个人英雄主义将不再是未来社会的主流，团队时代即将到来了。随着市场、经济制度、科研的逐步成熟完善，只凭一个人的力量已经不能包打天下了。任何人想完成自己的理想，都必须组建或者加入一个优秀的团队，通过集体的智慧来实现。

团队时代为我们提供了一种全新的生活、工作方式。团队的工作方式，可以让我们的工作量大为减少，工作效率提高。与个人相比较而言，团队的优势决定了在做相同的事情时，团队更容易取得成功，而团队的成功也就是个人的成功。但是，团队的特点决定了团队成员必须在某些方面放弃一些东西。为了团队的纪律，我们有时候要牺牲一点自由；为了团队的利益，个别成员有时候要牺牲一点个人利益；触犯团队的规章，就要接受团队的处罚或者批评。那种甘于做出自我牺牲的精神是团队时代优秀员工所必须具有的。

在生活中，我们总会发现身边的一些人过于斤斤计较，总想占别人的便宜，从来不能吃亏，吃了亏就好像割掉心上的肉那么痛苦。别人批评他一两句，或者给他提一点意见，他马上就得还以颜色，或者怀恨在心，伺机报复。这样的人几乎没有真正的朋友，最终一定会遭遇大的挫折，永远不会有真正的成功。这种人心胸狭窄，不能成就大事，只能在自己狭小的天地里度过可怜且无聊的一生。

一个体验不到辉煌人生的人是乏味的人，一个永远盘算自己的利益、不惜危害别人和社会的人，是难以被社会所重视的；一个在得失计较中苦苦煎熬、拿不起放不下的人自己也是非常痛苦的。

在一个团队中，有的时候由于处理不当或者工作失误，会使团队受到一些损失，甚至遭到一些失败的打击。本来，这是团队所有成员的责任，团队的领导者会面对各方面的压力。这时候就需要一些员工能主动站出来承担一些责任，减轻团队领导者的压力，改变团队的尴尬处境。那些具有自我牺牲精神的员工，考虑到领导者和团队的处境，会勇敢地站出来，把责任承担起来，替其他同事受过。这一方面减轻了团队成员的工作压力，另一方面也表现了一个优秀员工应该有的素质。

克莱斯勒汽车公司的总裁艾柯卡，在20世纪80年代中期的一项调查中，被人们称为"近年来成功领导企业的最佳典范"。艾柯卡管理克莱斯勒汽车公司的成功经验，使他成为全世界企业界的风云人物，直到今天他的魅力仍然丝毫不减。大家都看到了艾柯卡成功辉煌的一面，却没有注意到他背后的精神。

艾柯卡是一个具有自我牺牲精神的人，在公司出现问题时，他经常主动承担责任。当然，这样做会为自己招来许多不必要的麻烦，但是他却一直坚持。这样，在他手下就形成了一个高度团结的工作队伍，他们不囿于既有的规范，敢于创新，敢于行动，因为他们有一个能主动承担责任的领导者。所以，艾柯卡取得了让许多人羡慕的成绩。

在一个团队当中，每个成员都要具有自我牺牲精神，这样的团队才能具有高涨的热情，良好的工作氛围。

🐺 团队需要忠诚

在这个商品的时代，人们习惯于交换一切，一切都可以明码标价，都可以用另外一种商品交换，可以用金钱购买。但难道你没有发现，这种看似公平的交换正使人与人之间的距离越来越远吗？金钱造成了人与人之间的冷漠。许多人都在抱怨这样的情况，岂不知这正是我们大家共同的行为所造成的。再一次，我又从狼的身上找到了令人感动的品质——忠诚与奉献。

忠诚是一种难能可贵的美德，尤其是在当今社会。公司老板们希望自己的员工有很多优秀的品质，但最重要的是：对公司忠诚，肯为公司奉献。许多老板们都翘首以盼地等待着这样的员工出现。

现在许多人抱怨公司给员工的薪水太低，但他们没有注意到：有些人并没有太超群的工作能力，但他们却可以拿很高的薪水，而且他们会经常受到其他公司的邀请，这些公司为他们开出更高的薪水。为什么他们这么受欢迎？因为他们忠诚——对老板忠诚，对公司忠诚，对团队忠诚。即使他们受到其他公司的邀请，那里有优厚的待遇，有宽松的工作条件，但他们的老板却丝毫不担心，因为老板相信他们的忠诚，相信他们不会为了多拿一点点薪水就放弃现在的事业。所有的这些都是对他们忠诚的回报和奖赏。

忠诚需要感情和行动的付出。这些付出在一些普通的人眼里可能是很愚蠢的行为，但最终他们会发现"如果你是忠诚的，你就会成功。"这句话千真万确。忠诚的付出就是奉献，奉献不仅仅是对工作应有的付出，而且是要从心底里热爱自己的工作，并心甘情愿地为它付出。忠诚与奉献并不是用嘴说的，它需要你付诸行动。在公司和团队发展顺利时，踏踏实实地工作就是忠诚；在公司和团队的事业遭受挫折和失败时，无怨无悔就是奉献。

牧师法兰克·格兰曾经说："如果你忠实于他人，有可能会受到欺骗，但如果你忠实不足，就会活得十分痛苦。"任何人都是有感情的，包括你的上司和老板。你对公司和团队所做的一切，他们都会看在眼里，记在心里。他们并不糊涂，他们明白自己的团队中最需要什么样的员工。对于那些虽然很有才华，但并不可靠的人，他们是绝对不敢重用的，因为那样他们就会有很大的风险。老板们更愿意重用那些忠实可靠的人。

一个团队能取得什么样的成就取决于它拥有什么样的员工。没有优秀的员工，就不可能做出出色的成绩。相反，当一个团队已经形成一个良好的氛围和文化，那么就会对团队成员在无形中产生一种督促作用，使团队成员做得比原来更出色，同时也使后来者有了一个更高的起点和平台。

在一个团队中，所有的活动都要围绕一个共同的目标展开。但团队的各个部分甚至每一个人都是相对独立的，它们都有自己的目标和任务，都要独当一面。足球队的状况和企业团队的状况很相似。在足球场上，每个人都有自己的位置，都有自己明确的任务，或进攻或防守。后卫不能随便挤占前锋的位置，后腰不能跑到左边锋的活动区域，尤其是守门员更是不能擅离职守。每个位置的队员都要严格遵守主教练的战术安排，协同作战，互相配合，并给予同伴充分的信任。当球被攻到本方禁区时，将球踢到远离自己球门的位置是守门员和后卫的职责，而其他的队员也有义务去帮助后卫和守门员将球踢出危险地带。将球踢到对方的门里就是前锋和其他进攻队员的职责，而后卫们也可以适当插上进攻，但前提是不能让对方的前锋趁这个机会偷袭得手。

在一个球队中，最重要的就是队员之间的团结。虽然有的球队中大牌球星云集，但他们往往不能取得好的成绩，而往往是那些没有什么大牌球星、队员实力并不突出的球队却能让人们眼前一亮。大牌球星有的自视甚高，认为凭一己之力就可以战胜对方，所以他们不重视团队配合，不遵守主教练的战术安排，而这样的球队就会被团结的球队所打败。

企业就是团队，公司就是团队，我们所谈论的团队虽然与足球队形式不一样，但它们的确都是团队，都需要团结，都需要团队成员之间相互配合、忠诚和奉献。一个团队有完整而长远的战略规划和发展方向，而团队的各个部分、各个成员都要围绕这个整体的战略和发展方向，互相配合，并在需要时做出某些个人利益上的牺牲。每个成员都要对团队忠诚，为团队做出贡献，这样的团队的力量是强大的，是不可战胜的。

竞争激烈的经济领域，合作更为重要，参与竞争的公司就是合作的表现形式。但合作并不一定产生1+1>2的效果，如何进行有效合作，形成一种团队精神，以达到整体效益大于部分之和的效果，是每一个公司的重要任务。

所以，在现代公司团队建设中，打造一支协作性团队无疑是公司实现目标最有力的保障。马克思论述分工和协作的时候，提出协作力这种概念，这种协作力，就是一种团队精神。

微软刚创立时公司还不是很显眼，当时，美国最大的电子公司——IBM公司正在研制一种新型的个人微机，这种新型机需要配置相应的磁盘操作系统软件，美国几家软件公司紧紧注视着，想抢到这笔生意，微软也不例外。

一开始IBM并不重视微软，而当时一家公司的CP系统在市场上非常有名气，可是不久之后，IBM突然致电比尔·盖茨，想与他进行商谈。

比尔·盖茨知道这是一次提高公司声誉、扩展公司业务难得的好机会。于是，他先花钱买到西雅图一家小公司的86-dos进行修改和扩充，制成一种新型操作系统软件，命名为Ms-dos。

比尔·盖茨带着这种新型软件，亲自去IBM总部联系业务，亲自操作这种软件给总裁看，说明这种软件的优越之处并尽量压低自己的要价。

1981年8月12日，这是电脑行业具有划时代意义的一天，全球最大电脑生产商IBM宣布他们生产的个人电脑正式推出，而它的操作系统正是微软公司的MS-DOS。

消息一出，整个世界计算机行业为之震惊，微软公司的名声响遍了世界各地，许多公司纷纷上门洽谈生意，微软公司的业务顿时扩展了数十倍，成为美国软件业的佼佼者。

在这次合作中，虽然微软公司实际上并没有获得多少利润，但由此带来的声誉却为他们赚取了百倍的利润，更为微软公司的未来开辟了一条光明大道。这一切，均源于借助IBM这棵大树给微软带来的浓浓的生机。

在现代公司发展中，只有合作才能发展，单纯依靠某一个公司自身是不能够真正地强大起来的。然而，要想合作一定要注意选择到合适的伙伴，许多公司就是没有正确认识到两家公司合作的因素是什么，只认为合作兼并上好公司就能化危机为赢机，而忽视了条件的重要。其实，良好的伙伴关系要求合作对双方都有互补性，而真正互补又需要付出很多努力才能建立。

在现代社会中，没有合作也就不会成功，也就没有一切。

一个人想要做成一件事情是不可能的，合作才能产生奇迹。许多人都能把这一点挂在嘴上，而真正合作起来的时候，首先他们又考虑的是自己的利益，如果只考虑自己的利益，那么合作的前提就会失去了。

合作伙伴能够得到更多的利益才可以称得上是真正的合作，自己在此基础上就能得到最终的利益，否则两个人什么也得不到。而许多人并不能理解这一点，认为人没有那么高尚，是办不到的。

"一个和尚挑水喝，两个和尚抬水喝，三个和尚没水喝"是我们中国早就有的说法，并以此作为反面教材来教育后代，要培养合作意识。但那么多年的教育，到了今天，一到国外，仍然是"一个中国人是一条龙，三个中国人在一起是只虫"，我们对这种"屡教不改"的悲哀不能不深思。

有这么一个寓言故事：

从前有两个饥饿的人得到了长者的恩赐：给了他们一根鱼竿和一筐鱼让他们两个选。其中，一个人要了一筐鱼，一个人要了一个鱼竿。然后他们分道扬镳了。得到鱼的人原地就搭起篝火煮起鱼，他狼吞虎咽，鱼真正的味道也没有品尝出来，就把鱼和鱼汤一并送进了肚子。不久，他便饿死在鱼筐旁。而拿着鱼竿的另一个人继续忍饥挨饿，朝海的方向一步步艰难地走着，可当他已经看到不远处那片蓝色的海洋，他使完了浑身最后的一点力气，他只能眼巴巴地带着无尽的遗憾撒手人间。

长者又给另外两个饥饿的人同样的恩赐：同样是一根鱼竿和一筐鱼。只是他们并没有各奔东西，而是两个人商量共同去寻找大海，他们每吃一顿饭只煮一条鱼，并且在吃的时候两个人还互相谦让，谁都不愿多吃一点，觉得对方应该多吃一点，才能比自己有力气，才能帮助自己。就这样，他们终于找到了大海，并且开始过着打鱼为生的生活。过了几年之后，他们各自的家庭、孩子都有了，自己建造的渔船也有了，并且还过上了幸福的生活。

合作就是想方设法让对方得到更多的利益，两个人才能把更多的财富创造出来。相对来说你得到的会少一些，但按绝对值，这样你所得到的就不再是耿耿于怀的数量。

合作意识的具备，还在于努力寻找合作伙伴，只要把合作伙伴找到了，比什么都值钱。

只要有了很好的想法和产品，发展的机会就不怕没有，不用担心实现自己的想法没有条件，寻求合作机会可以用不同的方法。

写自荐信就是一种。

当年赵章光寻求合作伙伴的故事，就可谓"山重水复疑无路，柳暗花明又一村"，经过他艰苦的探索和研究，终于把"101"脱发再生精研究出来了，但当地卫生部门和医院不能接受，认为他的"101"与"江湖骗子"的膏药没有两样，但赵章光对自己的成果很坚信。

在他开办脱发诊所被取缔之后，便用了一种非常原始的办法，那就是开始四处投寄自荐信，寻求帮助和合作。

功夫不负有心人，他的自荐信被中西医结合医院院长无意间发现后，大喜过望，便向当地有关部门积极地举荐。不久，便邀请赵章光北上开诊所。从此，赵章光走上了更宽广的发展之路。

团结力量大，这个道理每个人都懂，因此成功就需要团结，只有团结才会成功，狼群在遇到敌人的时候，它们都是非常的团结，所以它们才会成功，这与我们做事是同一个道理，只有团结起来才会成功。

第二章

打造完美团队

　　团队，是一个人生存的必要环境。每个人在社会上生存，都离不开各式各样的团队，小到一个家庭、大到一个单位，团队构成我们生活不可缺少的一部分。

有团队才有企业竞争力

乔·凯兹恩巴赫与道格拉斯对团队的定义是:

共同的奋斗目标;

团队成员的个人成功要依靠团队其他成员;

一致认可的行动策略;

团队成员的知识与技能互为补充;

人数较少,通常少于20人。

什么是团队?看起来这不像一个难以回答的问题。在今天,团队似乎随处可见,而人们也早已泛滥地使用这个词汇了。如果我们深究,什么样的团队才能够使工作做得最出色,什么样的团队管理才能够真正提高团队的效率时,那就不是一件容易的事情了,这就必须要寻本溯源,回到对"团队"的再理解上来。

事实上,在企业管理中,团队是由员工和管理层组成的一个共同体，该共同体合理利用每一个成员的知识和技能协同工作，解决问题，达到共同的目标。一个团队认可并推行的一系列的价值观、行为方式以及处理事情的原则就是团队精神的集中表现。团队是由不同的个体组成的，这些新的成员要完全融入团队中去，首先就必须要学会适应团队。通过亲身体验、耳濡目染去了解该团队的文化和精神，看看身边的老员工是怎么工作的，他们具备什么样的优秀品质，有着什么样的共性。当然，我们更要通过与同事们的交流，去了解公司情况以及上司主管们的处事方式、原则和风格，他们往往会给你许多忠告。

《团队的智慧》一书的两位作者琼·R·卡扎巴赫、道格拉斯·K·史密斯一再强调要精确地区分团队和一般性的集团：团队不是泛指任何在一起工作的集团。团队代表了一系列鼓励倾听、积极回应他人观点、对他人提供支持并尊重他人兴趣和成就的价值观念。

我们再来看看通用电气前任总裁杰克·韦尔奇提到的典型团队——运动团队，不难发现：其一，团队最基本的成分——团队成员，是经过选拔组合的，是特意配备好的；其二，团队的每一个成员都做着与其他成员不同的事情；其三，团队管理是要区别对待每一个成员，通过精心设计和相应的培训使每一个成员的个性特长能够不断地得到发展并发挥出来。这才是名副其实的团队。

这样，团队与一般性集团鲜明的差别就显现出来了——创造团队业绩。团队业绩来自于哪里？从根本上说，团队业绩首先来自于团队成员个人的成果，其次来自于集体成果。一句话，团队所依赖的是个体成员的共同贡献而得到的实实在在的集体成果。在这里恰恰不要求团队成员都牺牲自我去完成同一件事情，而要求团队成员都发挥自我去做好这一件事情。

也就是说，我们最不可忽视的团队高效率的培养，团队精神的形成，其基础是尊重个人的兴趣和成就。设置不同的岗位，选拔不同的人才，给予不同的待遇、培养和肯定，让每一个成员都拥有特长，都表现特长，而这样的氛围越浓厚越好。

团队是复杂的实体，人们以不同的方式为团队的成功做出贡献。有些团队成员是优秀的组织者，他们善于将任务分解并分配给其他成员，使得任务能迅速、高效地完成；有些成员乐于不知疲倦地工作，以他们的辛勤努力推动团队的进步；有些成员的强项是协调小组的工作进程，使整个团队协调一致，愉快合作；有些成员以他们的活力和激情鼓励团队成员，调动他们的积极性；有些成员实事求是，他们指出其他人不愿涉及的问题和难题，而若非他们及时指出，这些问题终将终止团队的运作。

理想状态下，一个团队应该由各种类型的成员组成，他们在这些确保计划完成的重要方面各有所长，这样整个团队的工作就不会因团队成员能力上的差距而被拖延或延误。

对于这一点我想任何一个企业管理者都是知道的，但我在这里需要强调一点："当今或大或小的公司，对企业如何开展工作的重新思考导致了一个很切合实际的结论，那就是使企业员工以正规的团队组织的形式参与工作。"

我们知道，在我所讲的"正规的团队"这一术语中，其关键是"正规"，那么如何来理解"正规"呢？我们可以通过下面的案例来阐述。

近年来在国内十分盛行的拓展训练，主要是通过体验式训练和模拟场景训练来提升团队合作精神，其中有一个项目十分经典，叫盲阵。在一块空地上，将一队人（人可多可少，越多越难）蒙上眼睛，交给他们一根长绳子，要他们在规定时间内把绳子拉成一个正方形。起初大家往往会乱成一团，各有自己的主张，自由走动，你推我撞，你叫我喊，乱成一片，经过漫长而无谓的争吵后大家才渐渐明白：必须确定一名优秀者为领袖，还要有一名智者为助手，统一意志、统一目标、统一行动，大家都能自觉地做到令行禁止，各负其责，才能完成这个简单的游戏。看似简单的游戏做好却不容易，这里就有一个团队的组建、合作到完成任务的过程。

在今天的商场征战中，个人英雄主义高唱凯歌的时代已经一去不复返了，靠个人单打独斗已经无法赢得市场的决胜，只有通过团队的力量才能提升企业整体的竞争力，只有你的团队比别人更优秀才能在竞争中形成优势，也说明发挥团队的力量已成为赢得未来竞争胜利的必备条件。

团队究竟应该怎样组合才好？我们如何在工作中让每一位成员体验到团队团结的力量有多大？这种在实际行动中所亲自体验到的团队力量，比长篇大论分析团队合作如何增强个人的力量要管用得多。具有团队精神的集体，可以达到个人无法独立完成的目标。尽管我们知道现代类型的团队很多，根据团队性质和任务的不同，团队可以分为职能型团队、跨职能型团队、项目型团队、自主型团队、轮班型团队、多元文化型团队以及虚拟或远程型团队等，但我们必须知道，只有团队成员同心协力、下定决心打败共同竞争对手，并采取一致行动才能取得成功。

现在来看几个成功的事例。美国德州一家汽车公司因为推行自我管理型团队而获得国家质量奖。美国最大的金融和保险机构路德教友互动会，因为推行自我管理团队而提高了员工的满意度，在4年的时间中减员15%，而业务量增加了50%。麦当劳成立了一个能源管理小组，成员来自于各连锁店的不同部门，他们对怎样降低能源消耗提供自己鉴定的方法，这一环节对企业的成本控制非常有帮助。能源管理小组把所有的电源开关用红、蓝、黄等不同颜色标出，红色是开店的时候开，关店的时候关；蓝色是开店的时候开直到最后完全打烊后关掉。通过这种色点系统他们就可以确定，什么时候开关电源最节约能源，同时又能满足顾客的需要。这种能源小组其实也是一个自我管理型团队，能够真正起到降低运营成本的作用。

但推行自我管理团队并不是总能带来积极的效果，虽然有时员工的满意度随着权力的下放而提升，但同时缺勤率、流动率也在增加。所以首先要看企业目前的成熟度如何，员工的责任感如何，然后再来确定自我管理团队发展的趋势和反响。对于企业来说，组织一个优秀的团队是非常难的，毕竟组建一个优秀的团队，可以使企业的发展得以持续，可以使企业的利润得到提高，可以使企业制订的各项目标得到实现，可以更好地为客户服务，从而提高企业的市场占有率。而这一切，如果没有团队协作来支持，要实现是非常困难的。那么，什么是团队协作呢？我们知道，众多研究企业团队的专家所做的定义是：

倾听他人；

让他人在你的质疑中受益；

在他人需要的时候给予支持；

珍视他人的贡献与成绩。

事实上，绝大多数的企业领导者都希望自己有一个和谐的团队组织，但他们却忘记了在这一个团队组织中需要一种团队合作精神，只有具备了这种精神，企业才能够在市场竞争中取得胜利。

🐺 通力合作才能释放团队最大能量

我们知道，一个团队的建设，关键取决于发挥团队的协同效应，协同效应的发挥在于部门与部门之间、员工与员工之间的良好合作，而这种合作是以沟通、协调为前提的。一个企业真正强劲的对手是自己，是自己在跟自己竞争。换句话说就是："我们只有首先战胜自己、发掘自己、突破自己、提高自己，才能在众多的竞争对手中立于不败之地。"

小溪只能泛起美丽的浪花，它无法波涛汹涌，形成激情澎湃的气势。海纳百川而不嫌弃细流，才能惊涛拍岸，卷起千堆雪，形成波涛汹涌的壮观气势和摧枯拉朽的神奇景象。个人与团体的关系就如小溪与大海的关系，只有把无数个个人的力量凝聚在一起时，才能确立海一样的目标，敞开海一样的胸怀，迸发出海一样的力量。

因此，个人的发展离不开团队的发展，个人的追求只有与团队的追求紧密结合起来，并树立与团队风雨同舟的信念，才能和团队一起得到真正的发展。

在知识经济时代，单打独斗的时代已经过去，竞争已不再是单独的个体之间的斗争，而是团队与团队的竞争、组织与组织的竞争，许许多多困难和挫折的克服，都不能仅凭一个人的勇敢和力量，而必须依靠整个团队。

在现代的商业社会中，有谁仅靠自己就能完成任务呢？也许只有那些"独行侠"式的天才般人物才能实现，比如像达·芬奇、爱因斯坦这样的传奇人物，对他们而言，酝酿伟大的想法就是他们每天所有的工作。而对于我们普通人而言，要达成目标，就需要同事之间全心全意地积极协作。但在现实生活中，我们看到的往往不是协作，而是窝里斗，结果让猜疑、不信任等耗掉了更多的资源，即使不是这样，员工们也只是偶尔聚在一起出出主意或解决问题。

现代组织中，这样的团队是不能被接受为企业组织机构中的一个正规团队的，因而它在正规的酬劳制度或奖励制度中也很少得到认可。与此相反的是，我们希望企业内部的事务性工作都是通过团队合作来完成的。不可否认的是，在团队中偶然也会有非常突出、不可替代的个体，他们有出色的见解并能做出英明的决策。但实际上，更重要的是，优秀的团队使他们的见解和决策更具价值，更能得到充分发挥。

我们知道，团队的发展取决于企业内的员工是否得到发展。

华为的矩阵式组织结构本身就是一个求助网络，每个个体都是一个开放的子系统，既求助又帮助他人，同时失去团队的自我在中国是很危险的，华为以前的内部创业中有很多原来的销售状元出去后仍然失败就说明这个问题。但要实现保证良好合作的分工是不容易的，所以往往感觉中国企业好像职责不清，大家都负责也都不负责，根本原因不是站在合作的立场来分工错了，而是员工没有真正地参与，没有发挥积极性和主动的合作精神，只是被动地完成工作，自然就互相推脱逃避责任，自然就没有成就感，个人没有得到发展的同时企业也就难以实现组织的目标。其实传统的中国文化设计的组织体系是很科学的，站在合作的立场来分工就是西方的无边界组织，融解了组织的界限，降低了沟通成本，加强了合作互助，但关键就是员工是否尽责主动，而员工尽责主动的关键就是：

1. 领导首先要身体力行，能够很好地作为员工的表率，往往领导要求员工却自己不去做，所以领导必须修己，要有大局观、整体意识和合作意识，只有领导先做到了员工才有可能效仿跟随。

2. 部门间要明确合作和分工的内容，该分工的要分开，各自承担独立责任，该合作的要共同承担责任，站在对方的立场去考虑问题，以顾客的需求为目标，并定期审视，清除灰色职责。

3. 领导要让员工有成就感，才能引起员工强烈的参与意识，才能主动承担责任，积极互助合作，求助他人的同时帮助他人，成就自我的同时成就公司。

每天到了公司，你就要想这个事情，我如何能在今天通过工作，使我自己变得更优秀，使我自己的团队、公司也变得更优秀。

任何一个人在公司当中，一定要先求取生存。生存，是一个无论新职工还是老职工都会面临的问题。现在人才济济，如果你不考虑这个问题，你就很有可能被挤走。尤其是在民企当中，你在工作岗位上要有自己的特点，不管是工作上或是为人处世上，这个是至关重要的，是你的生存之道。只有把生存问题解决了，才有机会进一步往下走。

当然，团队中的竞争是必然的，因为有竞争才会有进步。当然这是指良性的竞争：团队中的每一个人都在进步，如果你不进步，就会被淘汰。这是天地之间的自然法则，这是必然的，尤其是国有企业，更应该要有这样的一个机制。

解决了生存问题之后，你要不断地提高自己、充实自己，提高自己在团队中的竞争力，使自己在团队中能够真正立足，甚至有能力去争取更高的职位。

这就是马斯洛提出的生存、安全、发展、自我实现的需求理论。这就要求企业的整个愿景跟个人愿景可以融合在一起，这就是个人在团队中成长，同团队一起成长。

在管理过程中我们同样需要明白：一个团队成员所做的事并不能与所取得的成效画等号。一个团队也需要一个高瞻远瞩的战略目标做引导，一个团队必须有个清晰的战略目标，团队成员才能朝着这个战略目标前进。毕竟，团队领导不可能改进或完善自己也不了解的事情。你问自己的问题越多，就越能更清楚地了解自己。当你决定去做什么，你希望采取快或慢的方式去执行，是对了，还是错了，这一切都是基于人们思考的结果。归根到底，不管目标是什么，我们可以确定的是，达成目标是团队存在的目的，是推动当代商业经营的动力，是体现团队价值之所在！只有为团队成员指明发展方向，才是最根本的工作本质。所以，如果企业领导者的战略目标是全新的，我们就一定要明确前进的方向。如果你整装待发，心里却没有一个明确的目的地，那么一定要放慢脚步，多问自己几个问题。

另外，随着经济的发展、公司规模的扩大和公司数量的增多及竞争的日益激烈，社会上存在的风险和不稳定性也随之增多。上到公司的管理者，下到公司员工，都承受着巨大的工作压力。每个员工不再是像以前那样自己顾自己，他们需要的是通力合作，需要借助彼此的专业技能、不同的见解和共同的付出，只有团队成员发挥出各自的特长，才能使这个团队充满竞争力。实践证明，一个通力合作、尽展各自特长的团队，在需要解决问题或面对挑战时，每个团队成员都能承担起各自的责任和风险。每个团队成员在面对风险时都表现出负责任的精神，那么，这个团队一定可以取得惊人的成果。

所以说，当一个团队的目标达成后，我们就可以看出一个通力合作的团队所释放的能量，就能看到每一个团队成员在取得业绩时分享团队的成绩，获取个人的酬劳，他们每个人都是胜利者。

培养协作意识

不同的团队具有不同的团队风格。我们可以做个比喻，一个成功的乐队，必定是一个成功的团队。成为乐队的先决条件是对音乐的热爱和付出，所以我们的团队成员也需要一个共性，对行业的认同和热忱。其次是确定一个指挥者，因为我们的团队会有很多的思想，但是最后只能由一个人拍板。再次，乐队的人员专长都不同，没有清一色提琴的乐队，也没有清一色架子鼓的乐队，所以我们的团队也需要多元化。我们所说的多元化指的是经历经验、专业技能的多元化。不同的经历和经验会在讨论问题时展现问题的方方面面，新的思想和主意都来自问题的方方面面，如果你的团队成员有相同的经历和思想，那么很不幸，你可能会错过很多次创新的机会。多元化的团队还将给你的团队成员带来好处，不同思想的交流和沟通，有利于成员自身的提高。

一个成功的团队首先要有团结协作的意识。团结协作是团队精神的源泉，没有良好的团结协作意识，团队就很难营造出核心竞争力和长期竞争优势。如果每一个成员都各自为战，自己干自己的事情，而不关心其他成员的工作，也不配合其他同事的工作，必定导致相互推诿和工作效率低下；如果没有强大的鼓励协作的企业精神做后盾，部门之间壁垒森严，"部门保护主义"盛行，团队工作也无法开展。

如果每个人都愿意把自己的光和热奉献给团队，我相信这个团队一定是成功的。无论走在任何地方，它永远都散发着光和热。只有团队获得了成功，每个人才能体验到成功的快乐。

当个人加入到一个团队中后，每个人就成为团队的一部分，每个个体组成了我们所说的团队，团队成为个人的代表，团队就是一个共同的"我"；当个人接受了团队文化及团队精神之后，他们以团队喜为喜，以团队忧为忧，产生了强烈的团队荣誉感，为着团队能够成功而不断提高自己的能力，"我"可以代表团队。此时，团队与个人就成了一个整体。

西点军校教育学生不应该立足于自我，而是凡事能够想到"我们"，这里的"我们"就是团队，就是西点，就是美国陆军，甚至是全美国。

所以，西点的学生需要密切合作，新学员要学会互相转告"每日一问"的内容，需要向室友通知第二天的制度要求，彼此提醒各种活动的禁忌等。在西点军校中，一个学员了解情况后，会把信息发布在网络上，帮助所有的学生快速了解某一方面的知识。

西点军校就是要让学生们知道，从加入西点的那一刻起，他们就不再是"自己"，而是整个西点的一员，做什么事都要以西点这个团队的利益为重。许多西点名将一回忆到西点学生生活中的"等待吹号"，就会感到很愉快。

在西点军校，上下课都必须准时，一旦下课的号声吹响，那么不管什么课程都必须立即停止。因此学员们在自己的室友遇到困难时，就开始使用"等待吹号"这一计策。比如说有一位同学被老师点名回答问题，但他恰巧不会，在他非常无助的时候室友会纷纷给予帮助。帮助他的人会不断向讲师（或教授）提问，试图岔开这个问题。当讲师（或教授）回答完一个问题的时候，他们立刻会问下一个问题，总之只要下课的号声不响，他们就会一直追问下去，这样那位答不出问题的同学就能躲过一劫。

艾森豪威尔在西点的人缘很好，就是因为他擅长帮助同学"吹号"。

尽管这并不是值得推崇的行为，但这样做也确实培养了西点学员们的团队意识，这让他们不再仅仅考虑自己，而是考虑到"我们"。

哈佛大学有一份关于成功因素百分比的数据统计，成功所必需的要素所占的比例大致是这样的：小事成功：专业能力占80%，人际关系占10%，观念占10%；大事成功：专业能力占20%，人际关系占40%，观念占40%。

这组数据说明，小成功靠自己，大成功靠团队。如果你只想获取一些小小的成功，依靠你自己的知识和能力是能够达到的，但要想有大的成就就需要团队的力量，只靠个人是不可能有大的成就的。

　　有人这样分析汉字里的"人"字，我觉得很有意思：一撇一捺，其中一笔是你自己，而另一笔则是你身边的人，两笔相互依靠和支撑在一起便组成了一个"人"字。

　　一个人成功了，除了自身的努力外，更离不开周围的人的支持、帮助和辅佐。中华五千年，从历史上看，无论哪一代的君主成就伟业都有一群人在其身边支撑、辅佐。

　　我们都知道项羽和刘邦争夺天下的故事。

　　项羽在推翻秦王朝的战争中起了非常关键的作用，属于实力派人物，其势力远远超出刘邦，而且他"力拔山兮气盖世"。若论单打独斗，别说他能以一当十，就是以一当百也不为过；在与刘邦争夺天下的过程中，一开始，只要他亲临战斗，则每战必克，刘邦则临战必败，但结果却是刘邦势力越来越大，而他的势力却越来越小，最终落得个被围垓下、自刎乌江的结局。他至死也没弄明白，他到底失败在什么地方，还说："此天亡我也，非战之罪也。"

　　反观刘邦，不仅本领不如张良、萧何、韩信这"兴汉三杰"，而且还"好酒及色"，早在当亭长时，"廷中吏无所不狎侮"，简直就是地痞流氓。但在与项羽的战争中，却最终打败项羽，夺得天下，胜利还乡，高唱《大风歌》。为什么？刘邦在建国后的一次庆功会上，曾向群臣解释说："夫运筹帷幄之中，决胜千里之外，吾不如子房；镇国家，抚百姓，给饷馈，不绝粮道，吾不如萧何；连百万之众，战必胜，攻必取，吾不如韩信。三者皆人杰，吾能用之，此吾所以取天下者也。项羽有一范增而不能用，此所以为吾擒也。"

刘邦把胜利的原因归结为他能识人用人，而项羽则不能识人用人。

刘邦的说法传承日久，并经过历史的强化而成为他战胜项羽的最佳解释。

在我看来，刘邦的胜利，是团队的胜利。刘邦建立了一个人才各得其所、才能适得其用的团队；而项羽则仅靠匹夫之勇，没有建立起一个人才得其所用的团队，所以失败是情理之中的事。

在我们的生活中这也是一个常见的现象。在个人比赛时，我们总能取得优异的成绩；而到了团体项目时，却与他人相差甚远。所以我们一定要牢牢抓住以十当一的核心，向同一个方向努力前进。

对于企业而言，一个成功的团队，背后有着多少不为人知的团队成员在尽自己的心力默默耕耘。为什么有那么多的人甘愿充当"绿叶"呢？只因为他们把团队当作了自我，把自己完全融入团队之中，与团队成为一体，只要团队取得了成功，那就是他们自己的成功。正是这种动力驱使着他们源源不绝地为团队贡献自己的力量。

在某一年洪水暴虐的时候，聚在堤坝上的人们凝望着凶猛的波涛。突然，有人惊呼："看，那是什么？"一个像人头的黑点儿顺着波浪漂了过来，大家准备再靠近些时营救。"那是蚁球。"一位老者说："蚂蚁这东西，很有灵性。1969年发大水，我也见过一个蚁球，有篮球那么大。洪水到来时，蚂蚁迅速抱成团，随波漂流。蚁球外层的蚂蚁，有些会被波浪打落水中，但只要蚁球能靠岸，或能碰到一个大的漂流物，蚂蚁就得救了。"不长时间，蚁球靠岸了，蚁群像靠岸登陆艇上的战士，一层一层地打开，迅速而井然地一排排冲上堤岸。

岸边的水中留下了一团不小的蚂蚁。那是蚁球外层的英勇牺牲者，它们再也爬不上岸了，但它们的尸体仍紧紧地抱在一起，那么平静，那么悲壮……

蚂蚁，为什么能在生存竞争残酷的地球上繁衍生存数亿年仍生生不息？想想看，一群小小的蚂蚁，它们团结的力量多大？一个身体大蚂蚁十几倍甚至几十倍的昆虫，它们都能把它搬回巢穴，无论这中间的距离有多远，一只蚂蚁总能找到它的同伴共同为搬走这只昆虫而出力献策。它们一窝实际上是一个生命，生存的最基本的道理就在这里——相互依存、共同发展。

企业经历了风雨，中间有过诸多的坎坷，之所以走到现在，就是因为无论遇到多大的困难，你们的老板永远和你们在一起！为自己的发展选择一个团队，找一种归属感，使自己的价值、自己的使命、自己的未来和社会潮流、国家利益方向一致，然后以此为基础，在团队中扎根、成长，成为社会的人才，国家的栋梁。

如果每个人在工作中能够超越雇佣关系，怀着一颗感恩的心，肩负起团队的责任感和使命感，为本职工作贡献自己的力量，那团队的成功就指日可待！

许多企业的管理者认为，将企业改组为团队的过程简单而又轻松。他们分发了一些文件，召集员工们开会，向员工们简单地说明团队协作是如何重要以及为何如此重要，然后在公司的组织配置方面随意做一些调整，并对员工们进行培训。这就是他们对此所做的一切！有时候他们会想："现在公司正以团队的工作形式运行。"可是他们有没有想过，事情真的就如此简单吗？刚好相反，以团队人才为本建设企业文化是一个优秀企业建立高效能团队的重要元素。企业文化分为硬性文化和软性文化两个层面，例如规章制度、绩效考核、培训计划等等都属于硬性文化的范畴，企业可以实施360度绩效评估。来自主管及周围同事的评估，可以让员工切身感受团队工作的重要性。

由此可见，向团队结构进行的转变应当被当作企业文化的一个重大的变革。也就是说，有团队精神的集体所创造的价值要比每个成员单独所创造出来的价值总和还要大，而没有团队精神的集体所创造出的价值反而比每一个成员单独所创造出来的价值还要小。

当然，我们不能忘记团队的根本功能或作用，即在于提高组织整体的业务表现。强化个人的工作标准也好，帮助每一个成员更好地实现成功也好，目的就是为了使团队的工作业绩超过成员个人的业绩，让团队业绩由各部分组成而又大于各部分之和。

团队的所有工作成效最终将会在一个点上得到检验，这就是协作精神。我们可以看一个生动的例子：一次，联想运动队和惠普运动队做攀岩比赛。惠普队强调的是齐心协力、注意安全、共同完成任务。联想队在一旁，没有做太多的士气鼓舞，而是一直在合计着什么。比赛开始了，惠普队在全过程中几处碰到险情，尽管大家齐心协力，排除险情，完成了任务，但因时间拉长最后输给了联想队。那么联想队在比赛前合计着什么呢？原来他们根据队员个人的优势和劣势对整个团队进行了精心的组合：第一个是动作灵活的小个子队员，第二个是一位高个子队员，女士和身体庞大的队员放在中间，殿后的当然是具有独立攀岩实力的队员。于是，他们几乎没有险情地迅速完成了任务。

　　由此可见团队的一大特色：团队成员应注重才能上的互补。共同完成目标任务的保证就在于发挥每个人的特长，并注重流程，使之产生协同效应。

团队组织的要素

从产业结构来说，人们要求企业变得更具效率，更有灵活性。企业必须成功地营造一个有利于团队和团队协作的氛围环境，才能长久生存下去。

我们知道，企业的核心要素是人，人是世界需求发展趋势、产业发展趋势、企业以及团队这几个要素的核心。人是构成整个企业系统组织的核心元素，有素质、有觉悟、有水平的人就是适合于企业的人才。

企业的长远发展，需要一群人组织成不同的团队，让这些团队以不同的方式去迎接新的挑战；企业的发展，需要建立一支步调一致、遵循游戏规则、精而强、高水平的组织队伍。当这个组织队伍在完成工作的过程中更多地运用团队的组织形式时，我们就要通过正确的团队战略步骤来加以指导为团队组织提供保障。

1985年，法国科学家曾发现蚂蚁能救火。后来，英国一位动物学家的实验证实了法国科学家的发现。

英国科学家把一盘点燃的蚊香放进了一个蚁巢。开始，巢中的蚂蚁惊恐万状，约20秒钟后，许多蚂蚁见险而上，纷纷向火冲去，并喷射出蚁酸。可一只蚂蚁能喷射的蚁酸量毕竟有限，因此，一些"勇士"葬身火海。但它们前仆后继，不到一分钟，终于将火扑灭。存活者立即将"战友"的尸体，移送到附近的一块"墓地"，盖上一层薄土，以示安葬。

一个月后，这位动物学家又把一支点燃的蜡烛放到原来的那个蚁巢进行观察。尽管这次"火灾"更大，但这群蚂蚁却已有了经验，迅速调兵遣将，有条不紊地协同作战。不到一分钟，烛火即被扑灭，而蚂蚁无一遇难。科学家认为蚂蚁创造了灭火的奇迹。

蚂蚁面临灭顶之灾时的非凡表现，尤其令人震惊。

在野火烧起的时候，为了逃生，众多蚂蚁迅速聚拢，抱成一团，然后像雪球一样飞速滚动，逃离火海。那噼里啪啦的烧焦声，是最外层的蚂蚁用自己的躯体开拓求生之路时的呐喊，是奋不顾身、无怨无悔的呐喊。

从蚂蚁扑火的实验中可以看出，个体的力量是很有限的，单打独斗不但解决不了问题，反而会把事情弄得更糟，但是团队的力量则可以实现个体难以达成的目标。

人也是一样。每一个公司都类似于一个大家庭，其中的每一位成员都仅仅是其中的一分子，每个人单独可以做好的事情很少，而且效率和质量都极低。但如果几个人组成一个团队，就可实现协同合作，从而使整个组织的战斗力得以提高。所以，团队精神是相当重要的。只有具备团队精神才能创造更多的价值、更大的效益。每个人的价值也会因为团队合作而变得更大，更加引人注目。因此，可以毫不夸张地说，只有对团队认真负责的人，才能对自己的人生和事业负责。

可口可乐的价值观里面还强调员工个人的主人翁意识，鼓励"改变从我做起"。这种主人翁意识是如何体现的？

在可口可乐，每个员工都是领导者，目的是鼓励他们把工作当成事业，发挥最大的能力。公司内部有核心领导力模型，员工分为三大类型：一个是Leader of Leaders，即高级领导者；一个是Leader of Others，即中层领导者；Leader of Self，即个人领导者。在这个模型下每个员工都是领导，每个项目中都要求他们全力以赴。

这三大类我们贯穿到对他们的期望和绩效考核中。拿人力资源部来说，人力资源总监是Leader of Leaders的级别，人力资源经理是Leader of Others级别的，经理的下属是Leader of Self级别。总监要制订战略，要发展员工，要起到模范带头作用；经理要发展下属，要和其他同事合作；人力资源部门普通员工要和其他同事合作，用合适的方法解决问题。在绩效评估中每个级别被赋予不一样的职责范围。

公司通过很多渠道鼓励员工行使领导者的权力。即使公司拟定的战略计划，如果员工在执行当中觉得不对，或者有更好的办法，就可以提出来，说服他的上司或者管理层。只要他的方法正确或者有创新性，公司都会按照他的方法做，尊重他的想法。不论员工的级别。

比如在奥林匹克项目上，我们全球开放了一个网站，鼓励员工在这个网站上提一些活动的建议。

为让员工更好地参与进来，公司在必要时给员工充分的授权，让他们行使主人翁的权利。比如翟嵋是公共事务及传讯部的一个同事，2004年她加入可口可乐雅典奥运会工作组。可口可乐是雅典奥运火炬接力赞助商，翟嵋的工作组承担了推选奥运火炬接力手的任务。她们推选了孙雯、濮存昕和成龙三位人选报到总部，总部审核后就同意了。这么大的任务总部放心地交给她们，而且对她们的工作做了肯定，这位员工的成就感得到了很大的满足。

每一年有一个年度业务计划，每个部门经理和员工都要把自己的思路和方法总结起来，传递给管理层。另外一年一度有员工沟通大会，总裁等高层到每个区听取员工各方面的建议，把目前的业务状况、下一步公司的战略方向都会和员工进行沟通。每个员工都要参与其中。

这是一个比较固定的沟通过程，已经是可口可乐公司的一个文化。日常工作中每个项目都体现了这种文化，每个员工随时随地都能表达自己的想法。

另外公司在架构上相对扁平，从总裁到普通员工，总共的层级不会超过五个。这个扁平的架构让信息沟通比较快速。

为了让员工更好地行使主人翁意识，和国际性的员工顾问调查公司合作每18个月做一次员工意见调查，根据实际情况设计一系列调查问卷，全方位了解员工会如何看待公司。问卷一共涉及14个方面，包括领导力、授权、绩效评估、培训、薪酬福利等方面，公司根据员工的反馈作进一步的调整，改善现有的一些不足的地方。

授权给员工参与决策，这里就有一个行为风险吧？

鼓励员工可以冒一些可控制的风险。比如员工不知道应不应该做，我们鼓励他去做，但是通过汇报系统控制风险。比如每个月上下级都有沟通。

每个员工在进行重要的工作改动时，会把自己的想法和做法抄送给小组内的其他同事。小组其他成员如果觉得有风险会告诉给那个同事，小组领导也会有指点。所以其实是团队行为，而不是独立作战。

公司的职能部门有很多，一些后勤部门比如前台、会计，是否也对他们的主人翁精神有要求？

不同职位有侧重点。比如对外事工作来说，要看重他带领团队、平衡各方面利益的能力，制订执行战略的能力等，对一般的会计来说，要有时间管理的能力、沟通能力、有多少年会计经验等。在PR这个职位上，如果候选人主人翁精神分数比较低，我们就不会用；如果会计职位的候选人主人翁精神相对弱一点，其他能力都很突出，那我们也会考虑。

我们知道，在现代组织形式中，企业的发展需要一批高精尖的团队成员，这些团队成员能够组合在一起把各自的能量发挥到最高点。因为无论一个人的学历有多高、经历有多丰富，他都必须先融入自己所在的团队文化之中，并能不断学习、善于思考，从内心深处认同企业的经营思想，只有做到这一点，才谈得上做出业绩，以及为企业发展做出贡献。对于这一点，琦金国际企业顾问公司的一位领导曾经说过："一个企业的发展必须要有一批训练有素的人。在琦金国际，我一贯强调先人后事，就像企业经营轴心图中展现出来的一样，要想做一番事业，首先要团结人才，组成一支队伍。"然后，他又说道："一个企业组织如果能够成功地将不同的人才结合起来，使之形成一支能达到预期目标的团队是这一战略方针最重要的意义所在。为此人们的希望和要求是要建立一支企业团队。在这支企业团队中，所有那些原先具有不同文化的分支机构、组织和部门都能走到一起，联手合作。此外，企业领导者还必须提供正确的战略方案，以使组织得到合理的保障。"

当然，这些方法是科学的，因为它至少让我们看到以下四点：

第一，把团队组织中各成员的特长组织在一起非常重要。毕竟一个人的力量是有限的，所以组成团队最直接的目的，就是将一群有着相同理想和相同利益的人组织在一起，为了共同的目标而去奋斗。

第二，作为一个团队来说，团队成员是否有着很好的职业技能和专业知识，直接关系到所在团队以后的发展。但是，作为团队的建设者来说，仅仅从职业技能和专业知识方面去训练团队之中的成员，并不能够真正地使团队在强手如云的竞争环境中取得进步。

第三，要认识到团队组织本身就是一种资本，尤其是宝贵的人力资源以及具有强大凝聚力、渗透力和再生性的企业文化，这些是组织中包含的关键要素，是团队组织竞争的资本。要把整个组织当成一种资本来运作，它是一个企业的财富。

第四，要建立一个以我为主的外延组织架构，把社会上分散的单体力量组织成整体力量为我所用，在企业活动中发挥重要作用。

总之，对上述四点方法的实施贯彻，已经表现出了一个团队组织的竞争力，已经表现出团队领导者将团队结构组建得更具规模，将有利于企业组织在整个竞争潮流之中取得发展和进步。作为团队的建设者，还必须认识到团队与团队构建的形成，还必须加强团队成员的道德思想建设，形成团队特有的信念和文化，然后使之与整个企业文化融合在一起，从而产生巨大的影响力和竞争力，成为企业发展的一个动力系统。

总之，企业领导者在确定团队组织的模式时，必须认识到要想使一个团队成为一个优秀的团队、具有强烈竞争力的团队，倘若没有自我的文化理念和自我的信念，形成自我团队的风气，这个团队无疑是一艘航行在茫茫大海之中的没有罗盘、没有舵的船，随时随地都会迷失方向的。这怎么能够使得团队取得长足的发展和壮大呢？此时企业领导者必须意识到下列几个要素的重要性：

1. 团队发展目标。团队发展目标能够为团队成员的发展起到导航作用。确切地说，团队成员的发展目标能够将整个团队紧紧地联系在一起，能够使团队成员知道要向何处去。一个团队成员不管能力有多强，只要他们能够认同他为之奋斗的目标是什么，认同企业的价值观，他就能够看到这个团队存在的价值，并为之奋斗终生。

2. 团队的核心是人。我们在前面已经说过，人是构成团队最核心的力量。一个企业要发展，必须团结一批志同道合的人，组织一个团队、一支为了企业的发展而奋斗的队伍。在一个团队中可能需要有人出主意，有人定计划，有人实施，有人协调不同的人一起去工作，还有人去监督团队工作的进展，评价团队最终的贡献。这就是说，当我们在组建团队时，就要认识到只有将团队成员的不同特长组建在一起，才能充分发挥这个团队的特长，毕竟团队数量的效果取决于规模，而规模取决于对不同特长的人的合理搭配，使不同的团队成员能够做到能力互补、技能互补、经验互补。

3. 团队的定位。团队的定位包含两层意思。第一层意思是指团队在企业中处于什么位置，由谁选择和决定团队的成员，团队最终应对谁负责，团队采取什么方式激励下属？这属于整个团队的定位；第二层意思是指作为团队成员在团队中扮演什么角色？是制订计划还是具体实施或评估？这属于个体的定位。那么，这二者在团队组织中有何意义呢？我们知道，一个团队领导者只有合理地搭配人才，用好人才，充分发挥群体优势，才能取得巨大的工作成效。特别是随着社会化大生产的实现，单纯地依靠一个人或者一类人，已经是远远不够了。一个有效的团队群体，只有明确团体定位和个体定位才能把各成员优化组合，才能产生新的巨大的集体能量，才能取得卓有成效的业绩。

4. 权力的合理使用。从无形的权威到有形的权力，既是一个领导者成熟的过程，也是一个领导者成功或失败的过程。一个团队当中领导人的权力大小跟团队的发展阶段相关，一般来说，团队越成熟领导者所拥有的权力相应越小。在这样的情况下，团队领导者就要认识到不是每一个人都有获得权力的机会，也不是每一个人都能够珍惜手中的权力，只有合理地使用手中的权力，才能充分调动团队的积极性，这就要求团队领导者在使用权力时要明白：我在整个团队组织中拥有什么样的决定权？比如说财务决定权、人事决定权、信息决定权。只有团队领导者明白了这些，才能加强监督和控制，才能建立有效的反馈系统。

5. 合理的计划。在一个团队组织里，团队领导者对自身领导的团队发展是有计划的，他们对目标的实现先是制订一个计划，随后执行这个计划。他们一般的做法是：首先确定团队目标的实现，然后制订一系列具体的行动方案，并把计划分解成目标的具体工作的程序，或者是提前按计划进行可以保证团队工作的顺利进行，然后有步骤地贴近目标，从而最终实现团队整体战略目标。

所以说，确定一个团队组织是多种要素的组合，这不仅需要团队领导者遵循自然法则，顺应大势，对团队起到驾驭作用，还要明白自己必须能够适应企业的发展要求，对社会变革、经济发展的复杂性有冷静的分析力、判断力和驾驭力，尤其是对科学技术的进步有相当敏锐的观察、捕捉力。只有这样，他在领导团队发展时，才能看清未来的发展趋势，认识到自己所处的位置，凭借自己深厚的知识积累，为企业未来的发展指引方向，描绘蓝图。同时，团队领导者还必须有一种激情，胸怀大志，不断激发团队成员的活力，以保持团队成员的创新热情和凝聚力。

树立团队目标

自然界中有一种昆虫很喜欢吃三叶草（也叫鸡公叶），这种昆虫在吃食物的时候都是成群结队的，第一个趴在第二个的身上，第二个趴在第三个的身上，由一只昆虫带队去寻找食物，这些昆虫连接起来就像一节一节的火车车厢。管理学家做了一个实验，把这些像火车车厢的昆虫连在一起，组成一个圆圈，然后在圆圈中放了它们喜欢吃的三叶草。结果它们爬得精疲力竭也吃不到这些草。

这个例子说明在团队中失去目标后，团队成员就不知道向何处去，最后的结果可能是饿死，这个团队存在的价值可能就要大打折扣。

团队的目标必须跟组织的目标一致，此外还可以把大目标分成小目标具体分到各个团队成员身上，大家合力实现这个共同的目标。同时，目标还应该有效地向大众传播，让团队内外的成员都知道这些目标，有时甚至可以把目标贴在团队成员的办公桌上、会议室里，以此激励所有的人为这个目标去奋斗。

我们知道，一个团队组织如果没有目标，就像没有目的地的航船，在广阔无垠的海面上漫无目的地漂浮着，到不了任何地方，留下的只有无休止的会议、令人厌烦的讨论、敷衍塞责的决定。团队需要的是一个坚定、明确和有可能达成的目标，一个陈述了团队努力方向的目标，一个改善现状的目标，一个强调执行力和果断决策的目标。例如，在面对企业变革时，我们的团队就需要认识到他们产生变化的目标是什么，达到的结果是什么，对于这两个问题，我们可以这样认为：最早承认了企业界正面临着有史以来最为巨大、最易受损的变化能使团队产生新的思维。这正如杰克·韦尔奇所言："坚持实事求是，一个企业就能无往而不胜。"

当然，在一个团队组织中，可能由于团队成员之间的个性不同，导致了团队具有独特的团队文化，但不能忘记，他们仍有共通之处。例如企业价值观是什么，传统企业或网络企业都能够促使团队成员做决策，引导企业朝既定目标前进。企业价值让所有团队成员协调一致，向着共同的目标努力。无论一个团队的业务性质是什么，价值观与目标都是同样重要的，都是为了确保公司评定的策略能顺利达成。许多人认为，企业价值观，有助于促进卓越业绩表现及企业竞争力，但是，通常管理层制定的价值观与实际执行的颇有差距。再者，员工并不清楚企业价值观如何付诸行动。如果团队领导者想利用价值观来激发员工做出卓越的业绩，则管理阶层需要做到以下几点：

1. 必要时沉着坚定。金钱就像时间和人力一样都是资源，当外部与内部环境需要时，就必须加以投资。

2. 让大家知道，你的立场也许无法受到大家欢迎，但要解释它对企业的成功是如何重要。

3. 将企业价值观转换成具体行动，并与资深员工进行沟通，然后让这些主管将上级领导的意见向下传达。价值观必须转换为实际行动，才能让员工更了解要如何做才能共创企业终极成就。

4. 清楚地知道价值观的重要性。由价值观带动而成功的企业，都深知员工若不知道价值观的重要性，就不会努力工作达成目标。他们也许一点也不在乎，除非管理层向他们解释他们对公司竞争力与营销策略的重要性。

5. 将价值观转换成工作表现。资深主管需将公司价值观或目标当成员工的责任。单向员工叙述公司价值观，无论是以客为尊、精简或提高生产力，都是没有用的，一定要将这些价值观转换成员工能够执行的确切行动。

6. 价值观优先顺序。主管明确表示与企业价值观相关的行动要优先执行，其他的行动都不能列为优先。否则企业制定的价值观与实际的价值观将发生偏差，让人困惑。

7. 奖励忠实追求企业价值观的员工。

8. 树立员工典范。

所以说，典型的团队目标描述是简短和精确的。比如面对企业随之而来的对员工们提出的更具效率的要求，我们就要求团队成员一定要做到消耗较少而收益更多，我们要求他们重新好好地思考该如何实施企业工作这一基本问题。对于一家为了生存而不得不被卷入变化的企业来说，如果能够建立一个合作的、目标专一的、执着进取的团队，不管遇到多么大的困难，都一定会取得胜利。

培养团队危机意识

在团队组织中，我们要让团队成员相信团队目标是可以实现的，是正确的。要让他们知道共同的价值观和共同的目标，尤其是荣誉守则是团队合作的基础。团队组织要尽力加强团队成员的团队精神，让他们了解共享一切的重要性。对团队成员而言，没有个人的行为动机，只有团队的目标。

那么，团队目标到底意味着什么？确立一个明确的、共同的目标非常重要，一个好的目标能使团队成员相信，他们是在向同一方向努力。因此，可能会很好地相互理解和交流。他们会意识到需要他人给予的信息、知识、意见、支持和力量，才能使自己的工作更好地完成，为团队多做贡献。另外，作为一个企业的领导者，还要意识到如果团队中还存在认为团队目标是错误的成员时，那么团队的成绩将受到很大的影响。在这种情况下，要让团队成员知道，建立一个清晰的、有吸引力的奋斗目标是发展一个团队的关键环节。所有的成员都必须充分了解团队的目标和理念。他们必须知道他们要完成什么工作、如何通过合作来达到目标。他们应该了解目标对其自身和其他人的重要性，承诺要为实现目标而努力。目标会给团队成员激励和方向感。所以一些富有责任感的团队领导认为应该在以下几方面形成认识：

危机意识和洞察力：这个知识经济时代对中国的企业而言，既是挑战，也是机遇。因此，面对挑战，我们要有危机意识；面对机遇，我们要有洞察力。

危机意识是我们人类社会进步的主要动力源泉之一。一般来说，危机的发展会经历四个阶段，即潜伏期、显现期、崩溃期和灾难期。作为企业的高层管理者，在危机潜伏期要善于发现危机的前兆，及时采取各种策略措施，使矛盾解决在萌芽状态之中。

企业家要有深刻的洞察力。企业的竞争分三个层次。第一个层次，从既有的产品市场出发，在已有产业结构中提高市场占有率。这种竞争，强度很大，空间很小，是低层次的竞争。第二个层次，企业要选择一个盈利能力很强的产业。实行这种战略，也就只能在行业的领先者的后面找一点利润，要超越行业的领先者恐怕是相当困难的。

企业竞争的第三个层次是在一个新的产业中抢先占领战略制高点，这就要求我们的企业家对未来人们的需求和未来市场的变化有深刻的洞察力，并能够预见到别人还没有看到的顾客未来需求的变化，从而培育起自己的能力，成为产业领先者。

企业的"战"况如何：对于这个问题，松下（中国）公司张仲文先生做了一个总的概括：

第一，当今企业的竞争需要实力，包括经济实力、人力资源实力等，经济实力的主体是科技，经营者更是关键的关键。

第二，应该牢记"知识、见识、胆识"，在知识经济时代，只有把知识消化吸收，变成自己的见识，才能创新，才有价值。见识加胆识是成功的必经之路。

第三，造就、培育和保护一大批有胆有识的企业家是中国走向世界的关键。

第四，牢记经营之真谛："下雨打伞。"

第五，信息化时代，管理作用将越来越大，管理的内涵将越来越丰富。

第六，经营既是韬略也是艺术，更是文化，经营的目的是为社会服务，而利润则是社会给你的报酬。

培养竞争力：中国企业管理能力的提高，应在多方面努力，其最主要的是培养企业的竞争力：

第一，要树立自己的理念。企业是竞争主体，为了有效地从事经济活动，必须具有独特的理念，找到企业自己的精神支柱，企业精神是企业的生命力。

第二，要制订发展战略。一个企业只知道自己明年想多增长20%的产量是不行的，必须知道企业下一步究竟要干什么。

第三，要确定品牌意识。品牌是企业的生命。名牌将是使企业在竞争中立于不败之地的物质条件。

第四，要实施营销策略。营销绝不仅仅是找很多销售人员把生产出来的东西硬推销出去。

第五，要严格财务核算，现在许多企业基本上没有严格的财务核算制度，这就无法真正实现以成本为中心，取得尽可能大的利润收益。

第六，确定以人为本的观念。人是创造企业财富的能动力量，运用各种手段，激发、调动全部经营管理者和生产者的积极性和创造性，是管理好现代企业的核心。

重组新战略：在知识经济时代，企业经营需要有"一级战备"的思想准备，以迎接企业面临的挑战。中国企业如何才能有效地做好准备呢？关键在于对信息和形势的分析，我个人认为，以下几点值得我们重视：

第一，我们的时代需要"利用"而不是"拥有"。

第二，企业规模的分化重组，使得大企业更大了，小企业更专更强了。

不同优势的大企业之间的合并，目的是走专业化的垄断道路，追求规模经济效益。跨国企业的兼并、联盟与合作，势不可挡、持续不衰。韦尔奇说："任何地区，如果公司规模效益不是第一第二就给我撤回来，我在各地保留的只能是绝对优势。这个心态，就是大企业的动向，大企业的思路。"

第三，企业目标已不是利润、产值、市场占有率，根本是为社会、为用户、为股东创造价值。

企业追求产值和利润是天经地义的，但可能短视或走偏；追求市场占有率似乎有道理，但它的不稳定性，也导致了不能体现企业基本目标。那么当今企业的目标是什么？我国一些大型成功的企业都认为，是为用户、为股东、为企业创造价值。

所以，在团队开始行动之前，应该对上述问题做出理解，同时还应该找出并解决有关团队目标的问题和疑点。

要确保团队目标产生效果，那么以下三点很重要：

简洁：使目标是简短的、清楚的、指引行动的和确定的。如果团队成员不能理解目标，又怎么能够达到目标呢？

明确：向员工提出"目标是什么"这个问题，他们的回答将显示他们是否明白团队期望获得的成效。

具有可行性：一个团队有了达成目标的技能、资源和责任，那么它就能不遗余力地去实现目标。

❧ 关于凝聚力

至此，我们要问，团队精神的最高境界是什么？它是全体成员的向心力、凝聚力吗？

在这里，有着一个共同的目标并鼓励所有成员为之而奋斗固然是重要的，但是，向心力、凝聚力一定来自于团队成员自觉的内心动力，来自于共识的价值观。我们很难想象在没有展示自我能力的集团里能形成真正的向心力；同样我们也很难想象，在没有明确的协作意愿和协作方式下能形成真正的凝聚力。那么，确保没有信任危机就成为问题的关键所在，而损害最大的莫过于团队成员对组织信任的丧失。

那么，究竟什么是团队精神的最高境界呢？我们是否可以说就是在企业里有这样一种氛围：能够不断地释放团队成员潜在的才能和技巧；能够让员工深感被尊重和被重视；鼓励坦诚交流，避免恶性竞争；用岗位找到最佳的协作方式；为了一个统一的目标，大家自觉地认同必须担负的责任和愿意为此而共同奉献。

当然，个人素质能力是每个人内在的一类能力，反映出个人的品质和特征，与之相关的因素是人们相信什么，采用何种思维方式，他们如何去感受周围环境，能感受到什么，他们如何学习，如何发展自我。这些能力会影响人们完成任务和与人相处的能力，但与之最为相关的是自我认同意识。

总之，体现这种自我意识的一个方面就是团队成员的自我发展能力。

什么是自我发展能力呢？自我发展能力是人们用以表现其不断成长、学习和发展的愿望和能力，是每一个人固有的能力。人类具有处理信息的能力、学习的能力，并能够以全新的、不拘一格的方式做出对周围环境的反应。毕竟学习和成长的愿望是每个人潜在的品质。

具有这种能力的人将会发挥什么样的作用呢？具有很强自我发展能力的人能够对他们现有的技能水平和为获得进一步成功所需要的其他技能做出准确的评价。他们还会主动去发现将来的岗位需要哪些技能，并为获得这些技能做必要的准备。他们准确评估哪些能力对自己目前和将来从事的工作至关重要，并投入大量的时间和资源提高这些能力。自我发展能力强的人不断寻找有利于自身成长和发展的机会。他们把自己置于富于挑战性的环境中，这样的环境虽然不能保证他们100%的成功，但要求他们必须迅速获得新的能力并且不断发展自我。

那他们有什么样的特点呢？具有很强自我发展能力的人乐于听取他人对其长处、弱点、技能和能力等等方面的反馈意见。他们不急于维护自己，而是积极寻找并感谢帮助他们提高的任何反馈意见。他们习惯于问自己：我怎样做才能做得更好？我能采用什么样的不同方法？他们寻找机会应用自己的技能和知识。最后，具有自我发展能力的领导者能够创造出一种环境，鼓励和认同那些乐于发展自己、能从错误中不断学习和成长的员工。

这群人同样有着自我发展能力的行为模式，在管理过程中同样需要我们明白：人们所做的事情使他们的工作更富有成效。毕竟你不可能改进或完善你并不了解的事情。你问自己的问题越多，就能更清楚地了解自己。当你决定去做什么，你希望采取快或慢的方式去执行，是对了，还是错了，这一切都是基于人们思考的结果。归根到底，推动当代商业经营的动力是思考。思考是价值之所在！思考，才是最根本的工作本质。所以，如果思考的工作是全新的，我们就一定要明确前进的方向。如果你整装待发，心里却没有一个明确的目的地，那么一定要放慢脚步，多问自己几个问题。

增强团队凝聚力

我们已经知道，在一个团队中，要想增强团队凝聚力，就必须让团队中的每一个成员都能够实现其自身价值。对于企业来说，企业生存的关键是——激活人才。从这个方面来讲，国家的核心是企业，企业的核心是人，人的核心是企业家和知识创新者。持续激活企业家和知识创新者这两个企业价值创造的主导要素，是21世纪中国企业生存和发展的关键。那么，如何才能激发人的活力呢？此时我们就要认识到在企业团队中，并不是每个成员都是追求上进的，要让每个成员都按照同一标准发展，这是不可能的。在这样的共识下，我们就要认识到重组企业人力资源的重要性。尤其是中国企业，如何吸引保留和激励那些最优秀的和忠实的人才，始终是企业取得成功的动力源泉。这项工作就是企业人力资源重组工程，一般说来，那些较成功的企业领导者总是注意到以下几个方面：

第一，认识到人人都是管理者，人人都是被管理者。每个人争当榜样，每个人都评估别人。认识到评价一个企业，不仅要比较企业员工的素质，更要较量哪家企业员工的人心最齐，在这样的情况下，我们就要在全球范围内吸引、培养、激励最好的人才并保持其在人力资本上投资的企业，将能够更加充分利用经济机会带来的优势。

第二，现在的企业竞争是人的竞争，如果一个企业要想保持一个长远的优良业绩的话，企业必须积极增加对人力资源的投资。所以企业就应该建立完善的人力资源管理体系，建立公正公平的评估体系，减少评估中人为的因素，你就能认识到团队的发展取决于组成团队的成员是否有很好的素质和能力，而团队的目的性和性质决定团队需要什么样的人才。

第三，人力资源有七个"生产力杠杆"：招聘、报酬、业绩管理、培训、组织发展、全球人力资本和多样化。这七个方面会对员工的劳动生产率产生重大的影响。当发现其中一项产生不良情况时，应该及时采取措施，包括打破全体成员的利益纽带，或者进行适当的岗位、人员调配，事先预防问题的产生。

企业过去的十年中都在人力资源管理方面不断采取一些积极的改革措施，这些改革主要有以下五个方面：

制订一套核心的价值理念；

重新定义企业的经营哲学；

在主要的人力生产率方面进行投资；

根据业务发展的需要，重新调整人力资源组织；

制订和发展一套清晰和连续的全球模式。

卓越的领导者，他们自身就具备一种伟大的东西，这种东西就是他们高超地把指导力贯穿于执行的全过程中。在这个过程中，他们知道一种信念或者是一套核心价值观和理想需要通过行动来体现，也就是只有通过团队的执行才能获得令人满意的结果，从而实现卓越领导者的真实意图。所谓核心价值是指构成企业政策和措施基础的一整套信念。它是以企业员工的直觉和文化为特征，并且能够促进劳动生产率和股权增值。

对于一个企业来说，核心价值到底有多重要呢？可以说这种核心价值理念对企业来说就是组织的核心力量；它通过创造一个文化环境，激发企业员工的聪明才智。它将企业环境、员工态度和企业发展目标融合在一起，它是由企业特征、经验和领导者的信念发展而来，是企业特有的、共同的文化。而在团队成员身上体现出的是，他们言行一致，他们表现自己价值观的方式始终如一，追求自己的目标不屈不挠。他们知道，作为一位领导者，正直意味着说到做到。夸夸其谈而不能以身作则的领导者不会赢得下属的尊重。他们知道，只有一个完美的组合，才能汇聚不同方向的力量，最终形成一个拥有团队执行力的组织。这个组织的领导不仅有着远大的职业梦想，而且他们从现在起，在关注下属执行力的同时，也不断地发挥出自己的指导力！他们知道，尽管天下企业千千万，但成败的决定性因素往往是执行力，因为只有执行力才是真正直接对结果产生作用的力量。领导的执行力将决定公司组织的执行力，个人的执行力则是个人成败的关键！只有靠执行力，成功的企业才能更加欣欣向荣，失败的企业才能重现光明；只有靠执行力，战略才能隆隆推进，崭新的未来才会向我们走来。

GE公司前执行总裁杰克·韦尔奇曾经提出过一个"运动团队"的概念，其中很重要的一点就是团队的每一个成员都干着与别的成员不同的事情，团队要区别对待每一个成员，通过精心设计和相应的培训使每一个成员的个性特长能够不断地得到发展并发挥出来。高效的团队是由一群有能力的成员所组成的，他们具备实现理想目标所必需的技术和能力，而且有相互之间能够良好合作的个性品质，从而出色地完成任务。

但遗憾的是，多数团队的管理者并不乐于鼓励其成员彰显个性；相反的，他们会要求属下削弱自我意识，尽量与团队达成一致，在个体适应团队的过程中所丧失的不仅仅是个体的独立性，同时也失去了创造力，许多天才和有创意的想法就这样被抹杀，而这恰恰是企业是否能够获得成功的关键所在！

如果仔细研究那些成功的创业团队，我们会发现这些团队的个体无一例外都具有非常鲜明的人格个性，他们各自发挥自己的才华，相互结合，从而有力地推动着创业进程。

我们的团队与他们大同小异，每个成员都有自己的个性，所以当我们凭自己的个性在团队中找到一个适合自己的领域时，我们就将真正成为"不可思议的终结者"。

建立良好的团队管理模式

为了完成任务，使团队能够紧紧地团结在一起，无疑，领导者必须起到关键作用。领导职能主要关注的就是领导者必须做到建立一个高效的管理团队，而不像领导特质，主要围绕的是领导应该是怎么样来进行。以下是我认为在建立管理团队时应该考虑的问题。

有效领导。有效领导是建立管理团队的核心。管理团队是紧密联系的整体，而不是简单的个人集合。管理团队根据自己的地位决定权力进行自我管理。

跨职能团队。为了迎接今天的各种挑战，你得具备多种风格、技能以及远见卓识。

通过跨职能团队管理系统创新。在系统创新的新时代，对公司来说，多方面的出色表现比单方面表现更为重要。那些完全实现技术创新价值的公司能够将技术发展与公司的其他职能结合起来，例如：生产、分销、人力资源、营销以及客户关系，因此正式或是非正式的跨职能团队都需要建立起来。这些团队还能从现有的产品单元中找到新机会。

管理文化差异。不管是个人还是群体，一般来说，文化是跟信仰以及价值观相联系的，后者是人们理解经验和行为的基础。从广义和简单的角度理解，文化跟团队或者社区相关。同一个团队或社区的人们都有共同的经验，而共同的经验导致影响了他们理解世界的方式有相同的基础。

建立优秀的团队。优秀的团队不会让无业绩的C类队员长期存在，比如在NBA，20%的队员每年都会更换。在GE，杰克·韦尔奇要求每年都裁掉员工中最差的10%。能提高团队绩效的最好办法就是从底部裁员，从而提高整个团队的整体效益。

我们知道，技能是建设团队的基石。在没有提供所需的技能之前，你不可能向下属提出高要求。事实上，当我们谈论到团队的技能时，我们通常都会认为团队的技能一般可分为三类：第一类是技术和专业知识互相融合；第二类是团队必须能够发现潜在的问题和机遇，斟酌各种选择方案，并且能够在权衡利弊之后决定前进的方式；第三类是人际关系技巧，如果缺乏有效的交流沟通和建设性的碰撞，那么共同目标和相互理解便是一句空话。虽然听起来容易，但这却常常是团队容易失败的地方。

这就是说，高效的团队必须为了实现共同的目标而分工合作。但这种合作除非能够作为一个集体承担责任，否则任何集团都不能算作真正的团队。如同集体目标和工作方式一样，集体责任是对成员集体的考验。比如，考虑一下"老板让我负责"与"我们自己负责"之间的差别就可以发现，前者可以过渡到后者，但是没有后者则没有团队。

当人们为了共同的目标在一起工作时，信任和承诺会随之而来。因此，拥有强烈集体使命感的团队作为集体，必将为团队的业绩表现共同承担责任，而这种集体责任感同样也会产生丰厚的集体成果作为回报。

从另一方面看，单纯为了改进工作、交流、组织效率或者成功而组建的团队很难成为高效率的团队。只有在设定了适当的目标之后，团队成员才会考虑关于目标以及实现目标的方式，他们才会用一种可以接受的态度与同事一起共同承担责任。

所以说：作为领导者，不但要进行自我修炼，更重要的是带领团队一起修炼。这是团队领导力提高的必然步骤，也是迈向成功的必经之路。我们发现优秀团队是这样的：

在团队中有很多优胜者，大多数人心态平和、充满自信，他们虽然可能是明星级人物，但他们允许别人发光，以求组成一个明星团队；

通常，拥有出色的团体和团队合作精神，相互配合便似有神助，然而事实上他们只是学着和别人合作，使得整个团队成为一个优秀的团队；

他们有成功的习惯，而且通常怀着必胜的信念参加更多的竞技游戏；

他们利用了成功带来的协同效应，这一效应不是以一般级数增长，而是以几何数量级增长；

发展脑力和智力来度过逆境；

创造一个成功的氛围，使身边的人都以赢家的身份出现；

营造获胜的氛围，使新人也能感受到团队的魔力。

美国管理大师斯蒂芬·罗宾斯将团队分为三种类型：一是问题解决型团队；二是自我管理型团队；三是多功能型团队。下面我们就来看一看他们的具体特征及其发展过程。

问题解决型团队。在15年前，团队刚刚盛行，大多数团队的形式很相似，这些团队一般由同一个部门的5～12个钟点工人组成，他们每周用几个小时的时间来碰碰头，讨论如何提高产品质量、生产效率和改善工作环境。在这种团队里，成员就如何改进工作程序和工作方法相互交换看法或提供建议。但是，这些团队几乎没有权力可以根据这些建议单方面采取行动。

自我管理型团队。通常由10～16人组成，他们承担着以前自己的上司所承担的一些责任。一般来说，他们的责任范围包括控制工作节奏、决定工作任务的分配、安排工作休息等。彻底的自我管理型团队甚至可以挑选自己的成员，并让成员相互进行绩效评估。这样，主管人员的重要性就下降了，甚至可以被取消。通用汽车公司、百事可乐公司、惠普公司等是推行自我管理型工作团队的几个代表。

多功能型团队。由来自同一等级、不同工作领域的员工组成，他们来到一起的目的是完成一项任务。多功能型团队是一种有效的方式，它能使组织内（甚至组织之间）不同领域的员工之间交换信息，激发出新的观点，解决面临的问题，协调复杂的项目。当然，多功能的管理不是管理野餐会，在其形成的早期阶段往往要消耗大量的时间，因为团队成员需要学会处理复杂多样的工作任务。在成员之间，尤其是那些背景不同、经历和观点不同的成员之间，建立起信任并能真正地进行合作也需要一定的时间。

事实上，团队建设更加强调员工在团队中的价值，强调员工对管理工作的参与性，最大限度地满足个人发展的需求。

进行团队建设首先要理顺公司的作业流程，每一个或几个关键流程可以组建一个团队，同时要定义出团队中每一个岗位的职责和它收集信息及输出信息的渠道及标准。即便是两个人做同一项工作，也要定义出各自的工作职责。

其次，需要建立团队间信息沟通的方法和标准，并且制订出团队协调人的工作职责。在团队中，公司的高层领导属于决策团队中的成员。另外，需要建立一个调度团队，它负责各团队间的协调和资料收集整理，并对信息进行过滤后，向决策层提出参考建议。决策层提出的决策直接向各团队发出（而不通过调度团队发出）。

再次，要在公司内部宣传团队建设的重要性及未来团队管理的工作方式，让员工对团队建设产生浓厚的兴趣。同时要做好部门经理的工作，因为团队建设的最大冲击是部门经理，可以将部门经理的岗位津贴划到他的固定工资中，在不影响他们待遇的情况下，取消他们的部门经理职务。

最好的组建团队的方式，一般是公司任命和员工民主组建相结合的方式。在团队的构成上，要注意成员能力和性格的互补性，并将每个人放在最合适的岗位上。

"小公司做事，大公司做人。"现在很多公司强调员工是否具有一系列的"软"素质，包括团队精神、知识分享和爱心等等，缺乏这些你就很难融进这个集体中。

我们要看到，企业在管理过程中，企业的宗旨、理念、方针、政策、制度、团队的构建等这些基因性、方向性、原则性的东西都需要领导者亲自设定，而且事无巨细，都要亲自过问甚至亲自动手。在这种情况下，他们必须做到：

领导的作用。首先，领导者应将有价值的并且可接受的价值观传达给团队，使团队成员接受内部的规范和规则，并在价值观引导下培养起团队凝聚力。其次，亲和平等地与团队成员进行交谈，激发员工的积极性和创造性。同时，领导者需要不断学习以提高自身的素质和能力，为团队的发展指明正确的方向。

培育团队凝聚力。首先应在企业内部建立和宣传相互协作的企业文化，保持企业纵向、横向交流渠道的畅通，以使信息和知识在企业内部广泛交流和传播。其次，企业领导应重视团队的构建，引导团队的健康发展，创造一个有利于团队发展的环境和氛围。再次，通过召开成员见面会、项目进展评审会等会议使大家经常见面交流。当团队成员感受到集体的存在时，凝聚力自然也就培养起来了。

有控制的授权。团队之所以能有效运作，在很大程度上归功于团队内部成员享有充分自主的决策权上，包括能够制订生产目标、自主雇佣员工、评估绩效等。但是充分的授权并不等于不需要领导和管理，授权应分阶段、有计划、有控制地进行，尽量避免混乱。企业领导应以灵活方式逐步放权，并不断对团队的绩效进行评估。

　　有效的激励。一般而言，正面激励的效用远远大于负面激励，因而企业应为团队的顺利运行制订一个完善的奖励体系。同时，相对绩效评价制度也是一种有效的激励措施。它能够在一定程度上控制和反映出成员的相应努力水平。抛开团队成员间进行相对绩效评价外，团队之间也可进行绩效评价。

　　适当运用集体决策。集体决策既能够满足员工的参与要求，又能够集结众人的智慧，使决策更加优化，因而在很多情况下，它具有个人决策无法比拟的优势，尤其在跨功能团队中，几乎每一名成员都来自于不同的职能部门，专业和技能互为补充，一项任务的完成在知识和信息如此分散的情况下，集体决策变得尤其重要，但同时也应注意集体决策"议而不决"的致命弊病。

🐾 团队精神的17条法则

我们知道，每个团队成员都必须是个团队合作者，团队依赖于每个成员，而每个成员都要履行自己的责任。因此，团队成员必须知道团队要努力达到的目标，并掌握那些除了专业技术以外的基本团队合作技能。只要掌握了这些技能，团队将成为主要的工作单位。但这并不意味着团队将取代个人努力或是正规的企业层级结构和体制。相反，团队将加强现有的企业结构。在层级结构限制了发挥最佳功效的地方，团队也可为企业提供机遇。因此，新产品的革新需要保留企业结构功能，并通过团队方式弃其糟粕，取其精华。同样，通过自我管理的团队能在保留层级结构的管理和指导的同时，灵活自如地实现一线生产能力的提高。

由此可以看出，掌握这些合作技能，对团队的表现和成效有巨大的作用和意义。

团队中的每个人都知道如何进行他们的本职工作，但他们需要通过指导和练习来培养他们团队合作的技能。

此时团队领导者不仅要具体地勾画出远景，而且要把重心放在其远景能够为组织及其成员带来的好处上。简言之，要多进行正面宣传，反馈积极的信息，也就是：

设定团队远景目标。所谓团队远景目标，即团队全体成员共同追求的长远目标。它凝聚着团队全体成员的梦想和希望。设定一个组织或一个团队的目标，听起来似乎很简单，但实际操作起来就不那么容易了。一个组织或团队的目标需要得到大多数成员的认同，而不是简简单单地由任何领导个人设定就可以了。换句话说，在设立组织或团队目标的过程中，必须让每一个个体成员都参与进来，这有利于目标的顺利实现。

计划。计划使你行动有步骤，按步骤完成计划便是为成功而积累，按时全面完成计划，才会获得成功。如果可能的话，领导应该制订一套能够让每个团队成员都认同的计划，以便更好地实现组织或团队的目标。作为领导者，你应该很清楚，你将怎样实现从你现在的位置，成功地到达你想要到达的地方，也应该很清楚你是否取得了令人满意的进步。

沟通。沟通并非专指领导者与追随者的沟通，也包括鼓励追随者之间的相互沟通，分享他人的个人远景。这一步是要清楚地解释组织或团队的目标以及制订的计划。作为一个领导者，你应该能够清楚地回答这样一个问题：我为什么用这种方式完成任务，而不是采用其他的方式？

组织。指示、委任、指导、支持、监督和监控等，这些都是为了公司正常运转，团队的力量应该是使事物运转起来，发挥组织的作用，使团队的凝聚力充分发挥出来，团队的这种力量是一种实实在在的存在，而不能像从蒸汽机中出来的蒸气，仅仅形成气雾飘向空中，紧接着就无影无踪了。

控制和评估。如果作为一个领导者，你没有做到很好的回顾和评估成果，你就无法向团队或个体成员做出准确的有帮助的反馈。评估的目的是为了让下一次做得更好，这暗示出了考核尺度、业绩指标和团队目标的作用。曾经有人说过这样一句名言："如果你不能很好地评估，那你就不能很好地管理。"

这就是说，你能不能将自己的远景直接作为团队的共同远景，还得看追随者们的态度。如果你的个人远景是团队大多数人能接受的，那你就去听听少数人的意见，看看自己描绘的远景是否把某些合理的东西排除在外了，然后修正它；如果你的远景为大多数人所不能接受，那毫无疑问是不合理的，你得去听听大多数人的意见，然后修正它，直到能为大多数人所接受。

在我国，企业组建团队有优先条件，个人、团队与组织的共同目标、协作精神以及全员参与等，都可以从中国传统管理中蕴涵着的朴素的人本哲学中得到佐证。但为什么就是做不好呢？做不好的原因很复杂，因为他们可能违背了关于团队精神17条不容置疑的法则中的一条或几条。这17条法则是：

1. 重要性法则：个人的力量太弱

2. 蓝图法则：目标比角色更重要

3. 环境法则：所有人都有最适合他们发挥才能的地方

4．大挑战法则：挑战越大，团队合作越重要

5．链条法则：团队的力量受最薄弱环节的影响

6．催化剂法则：成功的团队都有起关键作用的人物

7．远景法则：远景给团队指引和信心

8．坏苹果法则：不好的态度会毁了一个团队

9．依靠性法则：关键的时候队友们应该互相依靠

10．价格标签法则：若团队不能付出，就发挥不了潜力

11．记分板法则：团队知道自己所处的位置就能做出相应的调整

12．长椅法则：成功的团队要有人员的更替和轮换

13．同一性法则：团队由共同的价值观决定

14．交流法则：交流有助于工作

15．锋刃法则：同样团队的不同之处是领导能力

16．高士气法则：成功的时候，没有什么大不了的

17．利息法则：加强对团队的投资，可以得到回报

有时个人确实能扭转乾坤，但一个企业要想谋求发展，还是团队重要。在成功的企业家群体中，即使是像通用电气公司的杰克·韦尔奇、海尔的张瑞敏、三九集团董事长赵新先等这样的领导也很重视团队领导的力量。正如韦尔奇自己所说："我们已经培养了极富才干的团队来管理主要的企业。而且，可能更重要的是，我们的组织中处处洋溢着健康的同事合作感、相互信任感和对业绩的尊重感。"

实际上，韦尔奇之所以名扬天下，不仅是因为在他20年的任职期间将通用电气公司的利润提高了近7倍，也因为他建立了世界上最完备的

管理人才库之一，这个人才库为通用电气公司以外的许多《财富》500强公司提供了新的领导者。张瑞敏之所以成为第一个在世界上赢得尊敬的中国企业家，是因为他的企业管理理想是在2008年把每一名员工都变成一个合格的"小老板"——让这些"小老板"们亲身感受市场的压力。

组建多功能团队

多功能型团队是由来自同一种等级不同领域的员工组成，成员之间交换信息，激发新的观点，解决所面临的一些问题。

20世纪60年代爱必尔诺威开发了卓有成效的360类反馈系统，该系统采用的是一种大型的任务攻坚团队，成员来自公司各个部门。由于团队成员知识、经验、背景和观点不太相同，加上处理复杂多样的工作任务，因此实行这种团队形式，建立有效的合作需要相当长的时间，而且要求团队成员具有很高的合作意识和个人素质。

麦当劳有一个危机管理队伍，责任就是应对重大的危机，由来自于麦当劳营运部、训练部、采购部、政府关系部等部门的一些资深人员组成，他们平时共同接受关于危机管理的训练，甚至模拟当危机到来时怎样快速应对，比如广告牌被风吹倒，砸伤了行人，这时该怎么处理？一些人员考虑是否把被砸伤的人送到医院，如何回答新闻媒体的采访，当家属询问或提出质疑时如何对待；另外一些人要考虑的是如何对这个受伤者负责，保险谁来出，怎样确定保险？所有这些都要求团队成员能够在复杂问题面前做出快速行动，并且进行一些专业化的处理。

虽然这种危机管理的团队究竟在一年当中有多少时候能用得上还是个问题，但对于跨国公司来说是养兵千日，用兵一时，因为一旦问题发生就不是一个小问题。在面临危机的时候，如果做出快速而且专业的反应，危机会变成生机，问题会得到解决，而且还会给顾客及周围的人留下很专业的印象。

此时，我们已经知道，很多管理者不能激发员工达到更高水平的个人生产力，是因为他们陷入了无效的交流之中，许多管理团队在交流的重要性方面光说不动，形成了一种妨碍真诚沟通与合作的方式。他们倾向于注重效率和控制导向，而不是目标管理。他们在节约成本上比在人员激励上想得更多。所以，在他们领导的团队里，经常出现糟糕的对话、导致机制不良的行为。

而好的管理者和领导者却可以帮助员工充分发挥他们的潜能。因此，这些团队成员就变成了追随者——被领导者所激励——团队的成就来自于每一个更大的生产力。尽管许多高层团队领导认识到了组织更新公司中下属仿效等不好行为的危害性，但却很少能采取重新激发他们努力和责任的措施。比如我们在后面要提到的个人的不满足、封闭隔绝、个人技能不足就使团队成员难以反躬自省，对自己的业绩进行诚实的评估。大多数高级经理都是从职级阶梯一级一级爬上来的，习惯于保卫自己部门的势力范围。对这样的人来说，要实现向更宽广的、有着实际影响的战略问题的飞跃是困难的。经理们还常常无法调整其领导方式与高层位置的要求相适应，高层管理交流互动一般时间较短，次数较多，更缺少准备时间，当面对的听众范围更大、更多样化时，他们往往表现出：

个人的不满足。许多团队成员尽管拥有成功的职业生涯和令人羡慕的位置，但仍会为工作沮丧或觉得工作不能带来足够的挑战。四分之一的团队成员都认为他们的工作不能令他们全力以赴。无论作为整体还是作为个人，团队成员都忽视了能将他们推向舒服自在状态的新见解、新信息和新经验。我们所观察到的陷入破坏性政治的团队通常不鼓励其成员承担新责任或冒风险。结果，经理最终会变得厌倦工作，他们的业绩也会下滑。也正因为如此，领导者们才会经常抱怨，原本坚实可靠的团队不能互相激励或适应不断变化的需要。

封闭隔绝。高层团队对来自公司或产业以外的信息很少给予足够的关注——而这些信息如果能及时消化，可能会影响关键性的战略或组织决策。此外，高层团队很少花时间去思考他们所获得的信息，评估这些信息可能带来的影响。由于缺乏获取和研究来自外部的信息的机制性安排，导致大多数团队没有时间来真正确定战略重点。

个人技能不足。大多数公司很少在如何引起变化方面给其高层团队成员指导或培训。与经常接受范围广泛的训练和培训的中层经理不同，高级经理通常是在没有退路的状态下工作，而且往往没有第二次机会。在我们所调查的高级经理中，有80％的人认为自己有足够的技能来做好工作，但只有30％的人认为所有的同事都具备这样的能力。

针对上述产生的现象，一个企业在进行了改革，并经过一段时间的研究，在促进有效的行动、思考和团结方面也采取了一些有用的对策后，企业的管理者应明白多功能团队执行的任务主要有以下两点：

第一点：进行持续且遍布整个组织的变化

确立机构的长处；

驱动系统化的创新程序；

驱动持续的改进程序。

第二点：执行特别费时的任务

管理复杂的项目；

就复杂的交易进行谈判。

许多改善团队业绩的行为训练不成功，因为它们没有针对高层团队的需要。比如，项目化的训练显得虚假。我们对高层团队的研究表明：如果高层团队不能有效合作，那么创建新的组织结构对改善公司业绩也不会有多大作用。一个机制不良的团队是不能创造出好的效益的。所以这里就产生了一个问题：为什么需要多功能团队？回答是，为了应对当前复杂的挑战，这时就需要你吸纳各种各样的风格、技能和观点。尤其要掌握以下要点：

引导公司变化的多功能团队。当企图改变一个组织的战略或者程序时，领导总是遵循牛顿法则：物体保持其惯性。为了实现变化，你应当组建这样的一个多功能团队：它由志同道合的同事组成，能够共同克服文化方面的障碍，并创造变化。

引导创新的多功能团队。在系统化革新的新时代，对于一个组织而言更重要的是交叉功能方面的长处而不是单功能方面的长处，比如制造、分配、人力资源、营销和客户关系。为了引导这些专业技能的发展，就需要组建正式或非正式的多功能团队。这些团队也能够在现有业务部门之间的空白地带发现新的业务。

换句话说，作为团队的领导，想要建立多个功能都优秀的团队你必须把你的重心从自我完善转移到组织的优势上去，你必须要求你的团队成员为了团队的协调运作而放弃个人最好的东西。

领导者感到，团队把注意力都放在琐事上，就错过了扩展企业的重要机会。而且，他也奇怪为什么只有半数团队成员参与讨论，其他人是否就没有看法或是怕说出自己的观点。尤其是在对部门领导的反馈进行评估后，高层团队认识到自己需要迅速改变方法，于是开始了改善的进程。作为下一个步骤，团队成员列出了一些优先事项，并发现了一系列相互冲突的观点。团队努力对这些任务进行分类，以确定一个共同的战略。同时，安排一位协调员对团队的工作进行观察，并在事后与团队成员详细讨论。于是，他们之间糟糕的交流状况成为一系列需要考虑的问题中的一个。团队决定每月开一次会，集中讨论主要的战略问题，而协调员则对其在交流方面的进展进行跟踪。这些会议处理了一系列问题——人才、战略、业绩、增长——拓展了团队的思维，为该公司创造了新的机会，团队业绩也有了明显提高。

他们团队业绩有了明显改善，表现为：

共同方向。

更有效的交流。

积极的更新过程。

当然，一个团队在取得这三方面的成果之后，还需要牢记的是，将新成员引入到团队文化中来，而不是认为新成员会自己了解一切情况。举例来说，一位充满热情的新团队成员可能并不知道在团队中汇报和整理数据资料的规定，他可能要花很长时间才能知道这个也是团队运作的一个重要方面。同时，如果新成员试图用主观臆断和推测去引导他人，那么团队就可能会陷入不可预见的冲突和延误中，那时就很难想象再回到以前将是什么情况。这不仅指旧的结构，还指旧的工作方式。因为每个团队都是独一无二并有自己的运行方式的。新成员需要了解我们的工作方法已经跟以前完全不同。现在几乎每个人都参与，气氛很轻松，同时又更具有挑战性。如果团队成员明白不寻常的想法和独特的解决方案会被接受，那么他们就会用创意十足的答案来对问题做出反应。

其实事情并不轻松，我们还做了许多的工作，比如：

共同处理许多建议；

引导团队的不满足感；

使外界干扰最小化；

鼓励咨询和反思。

由此可以看出，当某些决策的执行要求整个团队的全力支持时，那么这类决策就要求你的团队一定要达成共识，这样，每个成员就会热情十足地支持和执行这个决定。从表面上看，这个决定好像与正在进行业绩改善的高层团队和其他正在工作的高层团队没有什么区别。和往常一样，领导者和高级经理们处理许许多多各种各样的业务，但他们仍集中关注主要战略问题，并像同事那样一起工作而不是将任务交给助理、顾问或某个团队成员。整个团队每个月至少要有一天待在一起，没有助理，踏踏实实一起工作。由两到三个成员组成的小组每个星期都应为团队正在处理的每一个问题在一起工作几次，可能还应当花些时间与一位协调者一起工作。团队很难在与其实际工作环境完全无关的情况下改善其业绩。因此，短期训练项目，不管安排多么诱人或是成员的交流多么诚恳或发自内心，都不太可能改变其工作方式。自我发现和反省必须与现实世界中的决策和行动相结合。这些因素长期不断地相互作用才能带来持久的变化。

事实正好相反，毕竟团队本身是一个实用的联合体，会伴随着取得的成就而成长。不断提高地位的方向感、成员之间的交流和自我更新会形成一种以行动为基础的循环体系，从而组成大多数高层团队的工作方式。这一方法可以促使他们正视并积极解决自己的业绩问题，比如他们解决管理上的问题。通过切实解决重要的问题，并运用商业经济的思维来反思该项工作，高层团队才能大大提高其业绩，取得明显的进步。

除此之外，还应该以委婉的方式应对业绩问题，使高层团队能在事后处理其他行为问题时不致引起个人冲突。团队成员发现另一种想法有时也可以产生作用，作为公司的管理者或领导者，我们一定拥有公司成功所需的全部想法，团队可以既支持又挑战。这一互相矛盾的组合——通过在关键问题上的直接工作来间接评估团队的行为——使高层团队能处理好他们的业绩问题。

所以说，团队还必须定期、如实地评估自己的业绩。每一个高层团队每年都应该安排一段工作时间专门处理技术、人口的变化、政治和环境压力以及管理理论新成果等议题。虽然这些议题不会对第一季度的工作产生多大影响，却可能在5年内从根本上改变企业和团队本身。团队还应该定期探讨公司意外出现的成功或失败案例。他们应当实际地深入了解和调查，离开他们自己所在的地域和产业，了解那些面对类似挑战的公司。

那么，在做这项工作时应该注意些什么呢？我认为在做这项工作时，团队应注意领导层的前后一致、交流的质量和更新的机会。他们还必须在工作过程中留出充裕的时间来反思问题的深层原因，考虑作为一个团队，他们能带来最多价值的地方，以及他们过去所做决策的质量如何。发现团队成员合作最佳方式的过程将能确保汲取基本管理上的教训。同时要不断地反省，只有建设高效的高层团队才能收到明显的回报：他们能制订更好的战略，在经营管理上更具一致性，并能提高利益相关者的信心。他们能得到正面的结果，并且对团队的成员和他们所领导的人来说，工作本身将成为一种更具积极意义的经历。

很显然，一个团队如果经历了个人成就的增长使得整体效益的提高的过程，这个工作团队通常会变得更加有力。

激励团队的能量

团队的一个重大优势就是它所体现的合作力量。当大家一起面对问题时，对问题会有不同的观点和解释，再加上每个人掌握的情况不同和对事情的了解不同，所以会创造出更好的解决方案。从我过去的经验来看，对于变通机敏、善于把握机会的中国人来说，我们并不缺乏团队合作精神，甚至还有些过剩。我们缺乏的是合作方法。为什么制度化的管理难以在中国企业中确立？我们必须清楚制度约束的是什么。制度化的管理要求企业家作为一种方法存在，而不是作为一个个性化的精神张扬。这对于许多团队而言，是难以接受的，毕竟合作的关键是要敞开心扉去迎接其他成员。团队有责任营造一种环境，让成员的想法——他们的知识、理解、见解都受到欢迎。所以说，在合作进展顺利的情况下，对任何团队而言，团队成员倾听每个人的观点，根据团队共同的观点创建解决方案，并不断修正、摒弃，再产生新的观点都是必需的。

所以，我们需要通过合作为团队创造出价值，而这个过程主要由以下几种方式来体现：

第一种：降低专业化程度，或者多功能化。超越微观方面的问题，通过平衡具有竞争性的价值，整合其团队成员的专业技能和经验来实现强有力的协同效应。

第二种：外部化。考虑你所在行业上下游之外正在起作用的力量，并且找出与各种外部力量合作的过程中实现组织目标的方案。

第三种：领导。善于接受新观点、洞悉力和启示：与员工、顾问、咨询师、供应商、客户和竞争对手进行持续而积极的对话，以便发现实现公司目标的优选方案，而且在追求并实现目标方面也变得更老练。

第四种：分权与授权。一个领导者过度的权力释放和过度的权力集中都是不好的。一位领导者必须通过适当的方法授予权力。他还应该使团队成员在充分运用授予他的职权时，更好地发挥潜能。

分权的主要原理是告诉人们需要做什么，但必须让他们以自己的方式完成。领导应当集中精力于自己最擅长的领域，只做其他人无法完成的事情，其他的任务则应当分派出去。

授权是使得管理变得可行的一种程序，因为管理是通过他人来实现目标的过程。经理应当向团队成员提供圆满地完成其工作所需要的信息，频繁地与他们进行沟通，并且就预期的结果提供一目了然的指南。而且，经理也必须分清楚与他们一起工作的人员的责任关系。

第五种：培训是赋予经理的新任务。培训的目标在于提高员工的业绩和学习能力。团队培训不仅对团队成员有着非常重要的作用，而且对团队也有很重要的作用。比如说，团队对其成员的培训与开发可以提高团队的应变能力。事实上，团队成功地实施某项变革措施，不管是技术上的还是经营战略上的，都必须依赖于团队成员的技能。团队只有在团队成员的培训与开发上永远保持持久的竞争优势，才能够在竞争中占有优势，才能生存和发展；另外，团队对其成员的培训与开发可以提高团队运作的质量和能力，并不断提高团队的工作效率。接受岗位培训与开发的团队成员，不仅能够更好更快地掌握新技术和新方法，正确理解新技术指标的含义，提高整个团队的工作水平和质量，减少浪费，提高劳动效率，更重要的是能够使团队成员理解团队的经营战略目标和方针，对团队所进行的正面的监督、指挥和协调也能正确地理解和认识，从而使整个团队在认识上形成统一，有利于团队提高工作效率。

第六种：让你的观点与他人的观点交互作用。在由系统革新驱动的新经济环境下，新观点的火花产生于诸多个人、组织和环境因素之间复杂的相互作用。与外部的董事会、咨询师、律师、会计师、银行家和同行一起分享观点和资料，这有助于确立你的多功能优势，开阔你在复杂环境下的视野，并且能够发现实现目标的方案。

在这六种方式中，如果团队之间能够很好地进行合作，这确实很棒，但是还不够。因为在革新过程中，革新模式是点点滴滴发生的，较小的决策嵌在较大的决策中，单个的决策在更大范围的决策中发生。这就是说，在革新过程的任何节点，团队领导都需要使用弹性方法，既要重视能够产生具有创新性方案的思想，也要重视可行方案的培养。在这种情况下，你就要做出考虑，如果你的员工有三分之一表现卓越，公司将会变成什么样？如果可以引导三分之一的员工效仿那些最优秀的员工行为，团队的绩效会不会大幅提升？若你领导的团队有疑问，你的领导能力就值得考虑了，比如自己是否能与团队成员建立一种相互信任的关系？此时，不妨想一想，如果领导者对团队有任何疑惑，是否要与团队成员进行沟通？倘若忽视了团队作用，领导能力就会受到威胁。

我们希望看到的是，团队成员对能够贡献自己不成熟的想法而感到兴奋和自豪，也许这些想法毫无用处，但也能让我们看到随着竞争力的加剧、世界变化的加快，知识的落差越来越大，失败越来越不可避免。企业领导者在市场竞争日趋激烈的条件下，在买方市场条件中，就要不断地捕捉商机、占领和拓展市场，为企业赚取利润，为社会创造财富，才能成为企业的主宰，才能成为一个真正成功的企业家。

在很大程度上，一个企业的成长取决于企业领导者的素质。企业作为一个群体，关键还要看团队成员的创造性。毕竟创造性的想法不会自发地产生，而是源于有意识、潜意识和无意识的分类、重组、匹配和糅合。意识层面个人之间的相互作用会刺激并增进这些活动。

这就使我们不得不思考，为什么在同一行业中，有的企业竞争力竟然如此大呢？其原因就是社会的相互作用对于持续负责开发新产品、服务和组织团队成员的创新性是特别重要的。

个人之间的相互作用对于革新过程而言是重要的。尽管个人创造性对于公司的重要性毋庸讳言，但团队的重要性同等重要。当今复杂的产品和服务系统的创建需要多种学科知识和各种各样个人观点的糅合。革新，无论是体现在新产品和新服务上，还是体现在新的组织形式中，很少会是个人的事情，而是一个团队的事，而团队成员之间的创造性合作又是至关重要的。在这种情况下，无论是一个企业领导者还是管理者，都要认识到在企业里他代表着团队成员素质的好坏。一位满腔热情的管理者若想在最不可能的工作场所建立员工的团队精神，他只需要让每位员工对同事都产生感激之情和责任感。这正如比尔·盖茨所说："你想了解这个团队，看一看他们开发的产品就可以知道一个企业的灵魂和思考靠的是一种和谐，我特别强调这个观念是因为团队成员素质的高低，决定了企业的好坏。团队思维和领导思维所带来的稳定性，在于企业领导者做事方面所发出的各种信号以及共同为企业营造的生态环境。"

然而，确保团队运作良好是相当具有挑战性的。团队的设计与发展必须与组织环境相互搭配，再善于运用团队的优点，则可发挥神奇的效力。

运作良好的团队不仅能提供最佳的解决方案，还能确保解决方案的落实执行。团队可以提供成员脑力激荡的竞技场，团队也提供组织学习的来源。不过，若要团队运作良好，让员工接受训练是绝对必要的，此时，就要对团队进行新的设计。

设计团队的流程：

1. 设计围绕着制作流程，包括开始、中间、结束，随着生产的方向流动。

2. 发展工作计划作为流程蓝图，拟妥整个流程的重点工作、程序、需要的能力。

3. 确定队员能处理不同类型的职务。

4. 创造协调队员、均衡工作负荷、达成目标共识的方法。

5. 提供队员信息和资源。

6. 团队的大小依任务而定。

自主权与评量方法：

1. 允许团队能够自我管理、自我规范、自我引导，设计自己的评量方法以评估进度和跨职能的追踪过程。

2. 评量方法的数目必须在15项以下。

3. 允许团队参与新队员的选择。

能力与奖励：

1. 确保作业便利并有教练支援。

2. 给予训练和支持以利发展人际关系与技巧。

3. 确定队员了解所需要的技能，并能拥有这些技能。

4. 薪资要与技能对应，并以工作绩效和成果为基础。

5. 持续地评估工作绩效，不断调整团队适应计划的状况。

对于领导者来讲，领导能力通常来自于团队成员的合作协调以及对自身知识潜力的释放。企业领导只有不断调整企业的战略方案，让团队中的每个成员积极地参与进来，才能产生"团队就是力量"的效应。但也要充分认识到：在企业管理成长中需要群体效应，作为领导者只是激励团队成员完成自己制订的战略目标，而完成这些目标取决于团队成员的努力程度。

◆ 凝聚团队的解决方案

我们已经知道，从团队成员获取关于他们需要和期望的团队经历的反馈信息是可以帮助你设立团队准则的价值观念。

一个能够做决定的团队，比起只能分享信息的团队更能够吸引队员卖力，而且依众人的意见而做决定的团队，比只能向领导人提供意见的团队更具吸引力。

在创业式的组织里，要把团队凝聚在一起，最重要的在于建立一个完善的公司体系，因为众人的共识是决定团队成功的关键之一。团队以众人的共识做决定令人心服，队员因而才能真正相互影响。如果不为这样的团队建立一个完善的体系，导致员工流失，将会为公司带来很大的损失，此时，就要建立解决团队矛盾的新方案。经过多年的研究，我总结出了解决团队问题的五大步骤：

第一步：找出问题再予诊断

认为没有问题；寻找问题的原由。

将注意力放在核心问题处，找症状。

第二步：拟定所有的可行方案

评估建议前，务必对问题了如指掌。

审视所有的可行方案，切勿有了一个方案就立即采用。

第三步：评估所有的可行方案

采用客观资料，而非主观的评估。

切勿只依赖数字，要对数字多加判断。

寻求完整的解决方案。

第四步：做决定

切勿快速同意第一个吸引人的办法。

允许异议。

确定所有队员都承诺照办了。

第五步：执行决定

确定所有的队员支持计划。

对任务将由谁负责、何时完成等取得共识。

所以说，企业只有为员工提供解决方案，才能建立一种团队精神。对于企业来说，要搞垮一个企业，一个领导者就够了；要搞好一个企业，则需要一个团队。团队的智慧远比个人的智慧更重要，在克服困难和面对现实方面，团队要优于个人。团队的技能和团队的倾向是创新的基石，而团队的成功往往在于领导者能不能把每个人最优秀的地方组合在一起，形成团队优势。尽管创造这样的团队需要付出很大的代价，但好的团队能为企业成长起到推动作用。

团队发展和团队基本价值观

通常来说，团队领导要想获得成员的信任，就必须及时兑现其承诺，而领导兑现承诺的程度取决于领导的价值观和所制订的标准。因此，团队领导确定一定的价值观是非常重要的。众多企业之所以强调这一点，是受传统的管理方式影响的，这种影响能使人构想彼此之间的依存关系，对那种独立作业、独立创作、独立发明的僵化体制进行改革，同时还能抛弃旧体制严格、僵化的内容，取而代之的是改变行业、促进合作，以此体现出共同的基本价值。

事实上，好的团队需要有一些冲突，因为异议是必需的。团队若有以下情况就表示有了麻烦：一个是完全没有冲突；另一个是极端的两极化。一旦异议受到重视，如同组织鼓励队员清晰表达疑虑，解决的办法通常就会更具创意。不同的观点可能是相当有价值的。在团队一致解决问题的环境里，队员都能毫无保留地承认自己仍有不懂之处，并讨论不同的观点。不过，由于队员一方面有遵守团队规则的压力，另一方面又有为自己辩护的能力，因此承认队员是独立的个体，应被制订为团队运作的准则之一。团队必须定期拨出时间，评估自己的活动状态和绩效，并扪心自问运作情况如何。管理者必须有自知之明，团队也应该如此，团队的环境应该允许评鉴和反馈，也应有助于个人的发展。团队是一种动态的资讯系统，它在组织这个大系统下运作，就像组织的文化不是静态的，团队也会在适当的时机发展、改变。不管环境如何，团队趋向于共同经历的预期发展阶段，而每个阶段提供了决定性的职能。所以，领导者在组织内运作时务必了解团队需要时间才会有归属的情感与默契，也需要经历好几个阶段，才能获得最大的功效。

团队发展的五个阶段：

第一阶段：队员资格

队员已决定承诺效果，队员之间的互动是有争议且慎重的。管理者必须将队员和团队的宗旨结合，找出核心问题并将之与队员的特别专长连结，以增加团队对队员的吸引力。

第二阶段：次团体的形成

个人寻找志同道合的盟友，并趋向于由次团体发言。此时，冲突较为间接，队员的等级也变得模糊。重要的是，次团体可以确保团队有足够的时间讲授作业情形，以及什么情况会抑制团队的效能。

第三阶段：冲突

次团体之间会出现冲突，此阶段可测试队员间的关系，以及各团体是否能幸免于体制内的冲突。这是一个转折点，管理者不应急于扑灭火焰，而应向队员提示观念意见差异的价值，鼓励队员发表异议。队员则必须学习如何提出问题和困难，如何表达异议、如何解决冲突，绝对不能压制冲突，因为它会转移到其他方面，以较间接但更棘手的方式出现。此阶段队员通过学习如何商议而化解冲突，同时可以改善沟通技巧，并学习如何不通过批评而给予他人行为上的反馈。团队应找时间再次自我评估一番。

第四阶段：人各有别

如果第三阶段的冲突已被成功地解决，队员应该感觉成为团队的一员相当轻松自在。虽然队员接受仍是独立个体的观念，但不同的想法意见仍然存在。进展到这个阶段着实不易，这个阶段显示团队可能会有很高的工作绩效。此时，团队有了更高的自治权，加上问题已获得解决，个人的技能可以获得更充分的利用，团队也博取了更多的信任。

第五阶段：合作

团队集体作业解决问题、相互支援，由于集体合作的力量大于个别力量的总和，因此，可以产生更佳的效果。这个阶段是真正地整合为一体，强调的是向心力。团队因受惠于第四阶段达成的人各有志的观念，队员知道他们可以互相影响、给予反馈而不会失去原有的地位。一旦达到合作的阶段，团队要做的事就是持续努力以维持整体和谐的气氛，此时企业领导者就应该提倡团队效应，而团队效应体现在：

1. 必须承认每个人固有的构想，人人都拥有一份智慧。

2. 勇于开拓各项领域，并进行创新。

3. 当你经过努力而看不到结果时，不妨去请求同事帮助。

4. 认识到团队有利于产生激情，激情能体现出你的能力。

5. 团队成员同心协力，结合成巨大力量，共同创造一份事业。

那么，如何达到这种效应呢？答案就是企业领导者应树立起让员工信任的领导权。更重要的是还要理解团队发展阶段过程中所体现的四个特征：

1. 形成阶段。团队在处于形成阶段时，关心的是"为什么""是什么""谁""什么时候"，这个阶段，冲突还不存在。

2. 变化。当面临"需要做什么"和"由谁来做"等问题时，矛盾开始产生了。人们纷纷提出关于工作应该如何开展的个人意见，并把自己的意见融合到集体意见中去。一个强大的共同目标是解决冲突的最重要的方式。

变化阶段是一个必要的、有用的阶段，在这个阶段里，人们想要创造，想要结盟，想要拥有自主权。

3. 规范。团队的目标、任务以及工作界限得到了明确的规定并获得了成员们的接受。

各个成员有了自己工作的权利和责任。在规范阶段，定期的团队会议是必要的，因为只有这样成员们才能够共同监控项目的进程和解决随时出现的问题。

4. 实施。在这个阶段，团队成为真正意义上的团队，团队成员步调一致，互相支持。

团队成员不断调整他们的工作以使项目走上正轨，同时监控项目的进展并控制变化。团队合力行使权利、承担责任，不仅仅是为了完成工作，更是为了团队的动态发展。

由此可以看出，领导者的价值观对团队的价值观是有着直接影响的。一般来说，领导者需要把自己的价值观正确地传递给团队。例如，通用电气公司的价值观就体现了这一点，它充分地体现了领导者的价值观必须与团队的价值观完全融合，只有这样，团队才更有生命力和竞争力。下面就是通用电气公司的价值观。

GE领导人……永远保持坚定的诚信：

1. 以极大的热情全力以赴地推动客户成功。

2. 视"六个西格玛"质量为生命……确保客户永远是第一受益者……并用质量去推动增长。

3. 坚持完美，决不容忍官僚作风。

4. 以无边界的工作方式行事，永远寻找并应用最好的想法而无须在意其来源。

5. 重视全球智力资本及其提供者……建立多元化队伍去充分利用它。

6. 视变革为可以带来增长的机会，例如"电子商务"。

7. 确立一个明确、简单和以客户为核心的目标……并不断更新和完善它的实施。

8. 创建一个"挑战极限"、振奋、不拘形式和信任的环境……嘉奖进步……颂扬成果。

9. 展示……永远保持对客户有感染力的热情……GE领导人所要求的四个方面（4-E's）：具有迎接并应对变化速度的个人活力……有能力创造一个氛围以激励他人……面对艰境勇于做出果断决定的锋芒……及始终如一执行的能力。

增强团队之间的信任

任何组织要想加强团队凝聚力，就必须相互信任。这种信任不仅仅是团队成员之间的相互信任，还包括组织与组织之间的相互信任、组织领导与团队成员之间的相互信任等。

相互信任是相互团结的前提和基础，只有各个成员相互信任，才能真正做到内部的团结合作、协商一致。如果一个团队的内部无法实现团结合作、协商一致，就很难与竞争对手去抗衡，就很难快捷而高效地完成各项任务。作为管理者，永远都希望自己的团队能够保持团结合作、协商一致。只有这样，才能真正发挥团队的核心竞争力。

领导者给团队成员的信任度往往成为团队的一种心理病症，如果团队成员不信任你，工作效力就会受到严重阻碍，长此以往必定会危害整个组织。

对于企业来说，只有信任才能促使企业成长，信任使领导者与员工很容易地结合在一起。如果一个企业领导者的信任度慢慢地被破坏，他领导的企业就会出现问题，人们就会隐藏他们的利益，人们也不会把他们看重的资源向那些不相信的人泄露。团队合作不仅改变了组织内部的动态关系，转移了责任，还涉及由于各自的经验、管理、智慧、品行、观念、勤劳等无形观念在一个企业里所占的比重，从而造成了不同程度的影响。如果对人不信任，团队成员就会产生严重的心理负担。为了助长良好的团队合作，领导者必须交出控制权，包括对任务结果和团队动态的控制权。领导者放弃控制权并不意味着控制权没有了，而是改变成另一种方式的控制。控制的根基由领导人转移给团队，让团队具有协调和控制的能力，才能明确自己存在的目的。在决策过程中自我规范，并建立团队成员间的互动关系非常重要，因为此时已体现出信任是以人为本的基础原则。

在高度竞争的环境里，文化软件可能比组织结构、系统和战略等硬件对绩效和盈亏有更显著的影响。此时，就要以信任为基础，促使每个员工在思维、观念和理念上把共同的追求凝聚起来，让团队成员以领导的信任来支撑企业的发展。当企业领导者和员工、对外合作伙伴处在一个共同信任与理解的平台上时，才能把个人意识统一起来，形成团队意识。

一个在过于放纵和娇惯的环境里成长的人，是缺乏社会竞争力的。连接企业领导者与员工共同奋斗的基础是建立信任，信任是促进企业领导者与员工的连接纽带，当一个企业领导者通过自己的办事风格取得员工的信任时，这种相互作用就产生了。

　　信任人的具体表现是关心人、重视人、尊重人和为员工提供成就事业的舞台。总而言之，团队没有协调好，责任没有划清，主要就是领导者的领导风格出了问题。此时，领导者就应深入工作现场，进行现场管理，与职工面对面地进行交流，使企业领导者有意识地对员工背景、爱好和目标发生兴趣，倾听员工的交谈和提问，并且观察周围环境以了解更多信息，让领导者能够与团队成员彼此相互融合。

让团队感到领导的坦诚

作为企业领导者，让团队成员感到坦诚最重要。

当你试图进入工作圈时，要以帮助的态度来管理企业，而不是以命令的态度进行，只有帮助他人建立起别人对他的信任，经常为他人树立信心，在公开场所为他人打气，让公众对他产生信任感，才能获得成功。如果团队对企业领导者失去了信任，合作伙伴、员工都会采取脱离的方式，从而使企业处于不利境地。

用一个人，不要追求十全十美，应该把人们组合在一起，让他们形成一个整体。如果单独去看一个人，他不一定很优秀，但几个具有不同特点的人在一起做的事情就会很漂亮。因为在这个共同体中，每个人都把自己的弱点隐藏起来了，贡献的却是自己的长项。能有这样的配合，彼此间坦率和以诚相待是最重要的。

无论什么企业，一定要讲信誉，精心维护企业领导者多年建立起来的信誉，不要因个人私利，就出尔反尔，这样做不仅有损于形象，还有损于企业最高决策者的人格。一切都要实事求是，不要以为自己是企业的管理者，就可以"置信义于不顾"，这对企业的发展是非常不利的。

一位领导者这样说过："真诚的力量是无限的，只要适当加以运用，几乎没有达不到的期望。想要改变自己，想要成功，一定要以真诚作为做人的根本。"换句话说，就是无论在一个多么严密的组织体系中，成功的领导者都能在团队中引发共鸣，其主要原因在于他们能时刻进行自我剖析。错了就承认，不要摆架子，不要用命令代替一切，要摆脱一种约束，把话摆到桌面上来谈，任何事都有一个公正的道理才能让大家接受、理解。要达到这一目的就要做到坦率与真诚。

企业与员工之间是伙伴关系，是平等的、互助的和相互支持的，企业所追寻和强调的是沟通上的责任感，它比强迫员工顺应组织的要求具有更深远的意义，企业和员工之间的沟通，是为了共同的理想和目标，通过相互承担的责任和义务去实现。员工认同企业的核心价值观，把其带入企业的文化中，企业与员工之间相互激励、相互影响，共同构筑"心理合同"，企业提供挑战性和有意义的任务，员工则回报忠诚和责任感。共同的理想和目标会把企业与员工紧密地联系在一起，并促使他们不断地用知识去创造价值，进而推动企业的发展。

这种创造价值的能力就是建立起一种沟通能力，让员工能够自由地选择时间，选择工作方式，甚至可以选择与他人共事的沟通能力。这种能力能够使员工公正、诚恳和理智地发表意见。

如果企业领导者不能和下属沟通，就不能带领团队成员努力进取。

团队成员不能和企业领导沟通，就不能形成协同作战的团队。一个善于沟通的管理人员必须是一个善于倾听的人。比如一个工程设计师，一个研究员，一个车工，在单兵作战时并不差，像孤胆英雄，但并不意味着都能成为将军。这就是说，生产能手注重的只是完成眼前的单件任务，而管理人员注重的则是把单件的任务串联起来，导向最终结果——创造客户价值。

所以，一个管理者在工作中需要沟通、交流。在与企业管理层进行交流时，必须根据企业的发展情况做出新的规划，即对发生在企业内部与企业外部的结果进行观察。当企业在用真诚来对你时，你就要把自己的意识调转过来，共同完成一项工作。

在一个企业发展过程中，并不是说有了真诚的动机就能让别人信任你，它还体现在每遇到一件事时，要三思而后行，要不断地否定自己，认为做一件事是大家的功劳，在选择一件事时，要考虑到集体的利益。一个人的胸怀、跟别人交往的能力是在与人沟通的过程中培养起来的。忠厚老实的人，在社会上不一定能出人头地，原因是他不会三思而后行。

那么，在企业管理中，怎样才算"三思而后行"呢？

一是建立或明确追求的目标。在这个问题上，要考虑企业的战略目标与方针在时间安排上是否反映了环境对其行动的吸收能力？是不是能与国家政策、社会水准、人们的生活方式相一致？是否反映了企业组织的应变能力？企业组织确定的目标能否实现？

二是对团队成员的技能和资源运用状况进行估测。确定选择哪些有发展前途的产品进行开发，选择哪些产品作为重点投入、重点发展项目；退出哪些增长性低或市场萎缩的产品领域。

三是如何选择一个合适的行业领域进行产品开发，充分利用供应商、中间商、顾问、客户等的能力、实力和经验。

四是对需要发布的信息取得一致的看法。要在信息传播、与顾客联系的紧密性、提供信息的及时性、有用性与真实性及识别、记忆、说服力等方面，给用户带来便利的价值。

但在这里还有一个思维定式问题，如果单纯地靠这些，有时还是不能解决问题，还会受到各种环境的影响。因此还要认识到企业只有信任人，才能延伸到尊重人、关心人、培养人，促进员工的创新，构建团队精神。

在企业经营活动中，有很多人认为信任是由领导者的权力所决定的。实际上，信任是由许多员工参与而不断发展起来的，是在大家共同认可的情况下形成的。信任是许多人经过多年实践一点一点建立起来的，它的表达可以是一句话，但其内涵不是轻易就能解释透彻的。所以大家要有一个责任，要通过具体行动，真正以信任为基础，促进每个员工在思维、观念和理念上把共同追求凝聚起来，让团队成员以对领导层的信任来支撑企业的发展。只有当企业领导者和员工、对外合作伙伴在共同信任与理解的平台上，他们才能理解信任是保持其关系的基石。确定经历中可共享的一面。

一个企业领导者，当你与他人没有什么共同基础时，可以寻找一个相同的部分，或寻找人们的相关信息，从而激发经历的相同部分，这种激发能够与有联系的信息形成共同的基础手段。但在信息企业里，人们之所以追随领导者，原因之一是相信领导者有自己不具备的信息处理能力。对于那些感到自己不具备信息处理的人来说，需要明白信息处理能力是一个收集信息、分析信息和运用信息的复杂工程，需要团队全体成员共同参与。如果领导者过于迷信自己的聪明才智，不重视下属的信息处理能力，就会丧失信息处理能力，从而削弱领导能力。在这种情况下，就要制订一个营造共同基础的社交活动计划，设置一些专门的约会，参加定时的聚会，以及给自己规定议程来营造共同的基础，从而达到共享信息的目的。当有人已经跟我们一样时，认清和接受他们是比较容易的，我们容易与那些已经具有雄厚基础的人在一起工作。因为他们已经明白了个人的信息处理能力不能变成整个团队的信息处理能力就无助于团队整体的提高。

面对一个真实的自我。如何正确信任人，首先是正确认识处理人才、企业文化、管理和市场四者之间的关系才是最重要的。信任人不要超出使人们分离的界限，要使他们与领导者的关系一致，领导者才能带着深深的敬意去接受他人，而不是评判他人。

一位领导者说："我们应该获取股东的信赖，有时员工所在的公司虽然基础差、底子薄，但他们表现出极强的事业心，通过他们的努力，可以把公司的发展推到现在的水平，从这方面来看，他们是有能力的。现在我所担心的是，公司在追求高速发展的时候，管理人员的能力也要有所提高，这种能力的提高，除了有信心和信念外，还需要加强员工获取知识的能力。"只有这样才能不断加强管理者的能力，让他们在各个方面得到培训，才能在社会上网罗到其他方面的专家，包括咨询顾问、财政、企业管理等方面的专家。他们希望管理者精通他们的管理对象和管理业务的内容，只有这样才能制订新的学习计划。

对信任的透视有利于巩固团队。当一个人受到别人的信赖，别人就信任这个人，感觉这个人是可信赖的、可领先的，你就会获得支持。

怎样才能建立起信任呢？应该在信任别人的基础上提高自己的办事能力，此时就需要你做到以下几点：

1. 说真话；

2. 许下的承诺一定要实现；

3. 要信任别人；

4. 加深你对他人的信任；

5. 维护重要利益；

6. 取消秘密会议；

7. 让大家都参与到决策中来；

8. 让信息共享；

9. 给信息建立时间。

一位西方经济专家认为，不论一家企业身处何方，也不论它经营何物，企业的领导者都必须发展培养一种指导性哲学使得企业能够得到最大增值。这一哲学决定着领导者的管理方式。

在一些成功的企业里，领导者所采取的管理方式并不是简单地延伸自己的个性，而是最大限度地满足企业以及当前经营环境的需求。行业是在飞速地发展还是已经趋于老化？企业面对多少竞争对手，它们的力量如何？科技是否对企业的发展至关重要？如果是，那么技术的发展状况如何？企业的资金以及人才优势如何？企业如何才能维持长久的竞争能力，距离这些目标还有多远？对于以上这些类似问题的答案，决定着领导者将采取的不同领导方式，这一点至关重要。

第三章
实现合作双赢

再强大的士兵都无法战胜敌人的围剿，但我们联合起来，就可以战胜一切困难，就像成群结队的行军蚁一样，消灭掉一切阻挡在自己眼前的东西。

团队的木桶定律

一般情况下是"人多力量大",正所谓"三个臭皮匠,胜过诸葛亮",说的就是人多好办事,人多力量大的意思。但是,有时候人多并不一定意味着力量大,甚至反而力量变小了。

科学家瑞格尔曼曾经做了一个著名的拉绳实验。参与测试者被分成四组,每组人数分别为一人、二人、三人和八人。瑞格尔曼要求每个人都用尽全力拉绳,同时用灵敏的测力器分别测量拉力的大小。

测试的结果有些出乎大家的意料:二人组的拉力,为单独拉绳时二人拉力总和的95%;三人组的拉力,是单独拉绳时三人拉力总和的85%;八人组的拉力,则是单独拉绳时八人拉力总和的49%,就是说人越多,拉绳的力量就失去的越多。

这个实验证实这样一个结论:在群体组织中不一定是1+1>2,一个普通的团队人数再多,也未必能够战胜一个成员不多,却真正高效的团队。1+1=2甚至1+1<2都是有可能存在的。

下面这个故事，或许能够为我们揭开其中的因由。

天鹅、狗鱼和虾想要一同拉动一辆装有东西的货车，于是三个家伙套上车索，拼命地拉，可是怎么也拉不动。

其实车上装的货物并不算重，只是天鹅飞向天空，是往上拉的；而虾则是向后拖；而狗鱼则往水里拽。它们三个的力作用在了不同的方向，货车当然是纹丝不动了。

同样的如果一个群体中的每个成员都各自为战，完全按照自己的意愿来，那么纵然他们都拼尽全力，也不一定能使自己的团队进步，当然更不能完成团队的目标。

由此可见，团队强大与否和团队中成员的数量多少并不一定成正比，组织内的成员如果不能协调一致地行动，那么就会出现1+1<2的情况。只有合作才能共同撑起一片天，也才能让团队发挥出最大的力量，因为合作才能使每个人的力量都用在一个方向上。

一位智者听到了五个手指在悄悄议论：

大拇指说："我最粗，干什么事都离不开我。你们四个手指都没用。"

食指说："大拇指太粗，中指太长，无名指太细，小拇指太短，他们都不行。"

中指说："我的个子最高，我能做很多事。"

无名指说："大家都不给我一个名字，我也不想成为你们中的一员。"

小拇指说："你们长的长、粗的粗，有什么用呢？我是小巧而灵活，我才是不可或缺的。"

智者听了他们的对话，就教训他们道："你们都说自己最有用，那么我就请你们比比，看到底谁最有用。"

智者拿出两只碗，往其中一只里放了一些豆子，要求五只手指分别把这些小豆子拿到另一只碗里，结果没有一只手指能单独完成这件事。五只手指只有共同合作才能完成这个任务，如果相互之间无法合作，必然会失败。球王贝利说过："将比赛带向胜利的不是球星，而是球星所在的团队。棒球虽然可以凭借一个投球手取胜，但足球绝不可能。再有名的球员进球，也是因为有其他球员在适当的时候把球传给了他。"

"一个和尚挑水喝，两个和尚抬水喝，三个和尚没水喝。"这个谚语说的也是这个道理。为什么一个和两个和尚都有水喝，三个和尚反倒没水喝呢？那是因为三个和尚有着同样的心态，都想倚赖别人去弄水，而不想自己出力，于是便在挑水的问题上互相推诿，争论个不休，结果是谁也不去挑水，最终使得大家都没有水喝。

集体活动中因为反感某个同学而不愿意帮忙，甚至偷偷地使坏，搞得双方都下不来台。如果双方一直持续这样，那只能毁掉双方，让两个人一起退步。在海边生活的人常常会看到这样一种现象：几只螃蟹从海里游到岸边，其中一只也许是想到岸上体验一下生活，于是它努力地往岸上爬，可无论怎样努力，也始终无法爬到岸上。这并非因为那只螃蟹所选的路线不对，也不是由于它的动作太过笨拙和行为太过迟缓，而是因为它的同伴们阻碍了它！

每当那只螃蟹爬离水面、并即将爬上岸的时候，其他的螃蟹就会争相拖住它的后腿，把它重新拖回海里。每次都是这样，最终它无论如何也无法爬到岸上。如果你曾偶尔看到一些爬上岸的螃蟹，不用说，它一定是单独行动的。

所以如果你在一个团体中拖别人后腿的时候，就要小心自己在往前跑的时候被别人拖后腿。而那些有团队合作精神的人，诚心诚意帮助他人的人，则会在前进的道路上获得别人的帮助。有些人做事的时候，会遇到很多的阻力，这就是因为当别人做事的时候，你给了别人很多的阻力。

一个木桶由许多块木板组成。如果组成木桶的木板长短不一，那么这个木桶的最大容积并不取决于桶壁上最长的那块木板，而恰恰取决于桶壁上最短的那块木板的高度，这就是"木桶定律"。

从"木桶定律"中可以知道，决定一个团队战斗力强弱的，并不是团队中能力最强、表现最好的人，而恰恰是那个能力最弱、表现最差的人。最短的木板制约着整个团队的战斗力，影响整个团队的综合实力。

现实中的情况是，很多人经常瞧不起团队中的"短板"，嫌他们拖了自己的后腿。所以，要使一个团体进步，就要不断提高最后一名。只有最后一名有了较高水平的时候，整个团队才能取得进步。

作为团队成员，我们必须明白，只有每个成员完全发挥作用的团队才是一个最具竞争力的团队；而只有身处一个最具竞争力的团队之中，个体的价值才能获得最大程度的体现，团队的成功就是个人的成功。

🐺 一个人的力量是有限的

一个人的力量是有限的，身在团队中的个人，必须相互协作才能拥有强大的竞争力。虽然团队成员由各种层次、各种性格、各种特点的人组成，但是只要协作就可以一起进步。其实一个团队优秀与否，不在于人才的多少和他们水平的高低，而在于团队成员间能否相会协调、团结合作。

一个人能否成功，很大程度上取决于他是否能够与团队合作好。"我行"的含义，现在并不仅仅是指"我能做到"，还意味着"我能和别人合作，指出别人的短处，也接受别人的批评"。假如不相信任何人，那么永远不可能有大的成就，所以要信任别人，不能只靠自己一个人去蛮干。

个体力量是有限的，有许多事情依靠一个人是无法做到的，但对于这个问题，并不是就做不了，而是要去借助别人的力量才能完成这件事。

一个人能够凭着自己的能力取得一定的成就，然而如果把自己的能力和别人的能力结合起来，就会取得意想不到的成功。因此作为个人，一定要善于和他人合作，把合作的人能力发挥到最佳，形成一个更强大的"能量体"。这样不仅增大了自己的力量，还实现了一个人办不到的事情。在工作中，只有懂得这个道理才有可能成就自己的大业。

如今团队协作俨然成了一种社会发展的需要，而且越来越多的人都有了合作的意识。其实除了人需要团结之外，自然界中的很多动物也知道合作。

比如每当蚂蚁遭遇毁灭性的森林大火时，为了逃生，它们会迅速地抱成一团，滚动着冲出大火。因为它们知道，靠自己的力量，只能被活活烧死，所以必须团结起来冲出大火。

然而在逃生的过程中最外面的一层蚂蚁往往会被大火烧死，里面的蚂蚁却能生存下来。这也就意味着，团结合作就需要有人牺牲，这个牺牲对人来说并不是生命，而是自己的一些习惯等。蚂蚁就是靠这种团结互助的精神，在这个广阔的宇宙里生存繁衍下来。因此我们在生活和工作中，永远不要走单打独斗之路，要学习团结合作的精神。

当然无论你在公司是什么职位，都不应该有畏难情绪。在西点军校，任何一个团队无论是在演习还是在战斗中，都是积极向上的，大家都是要求进步的。班组和排里的西点学员或许会相互掩护，但他们不会考虑对自己进行保护，完成任务才是最终的目标。而且，团队也崇尚进攻，因为谁都不想在自己队友面前表现出认怂，这样会被人家笑话一辈子。如果教官知道某个团队因为个人的原因，而未能完成任务，他不会惩罚犯错的人，而是惩罚所有的人。你也许会说这不公平，但这却是培养他们在日常生活中互相协作的习惯。

要知道没有一个人可以不依靠别人而独立生活，这原本就是一个需要相互帮助的社会。小时候你需要父母的关怀和帮助，长大了你需要朋友、同事的帮助，如果你能够时刻想着帮助别人，那么你会交到很多朋友。在你落难时，这些朋友就会发挥很大的力量，帮你渡过难关。

在现代社会中合作是一件快乐的事情，那些"个人秀"的时代正在结束。有些事情人们只有互相合作才能完成。要知道，但凡有所成就的人都具备团结协作的精神。

总之，一个人要想成大事，永远不要单兵作战，必须联合一切可以联合的人，只有在各方面与他人互助协作，你才能取得更大的成功，否则你就可能永远都无法实现目标，因为一个人的力量是有限的。

合作就是力量，现在的社会是一个合作的社会，一个人有了合作的精神就能成功一半。只有相互合作才能把事情办好，才能顺利地实现团队和个人的目标。

联合一切可以联合的人

工作中的团队合作理念起源于美国。但具有讽刺意味的是，团队合作起初在这里并未实行，直到后来才逐渐被重视。然而，真正实行团队合作的是日本人，他们在第二次世界大战之后，决心重振经济时——欣赏团队合作的理念，因为他们的文化强调集体而不是个人——他们诚恳地接受了这种理念。事实上，有些分析家认为，正因为日本人欣赏团队合作并采用了团队合作的理念，才奠定了他们在当今世界市场中的领先地位。

一个人要想成大事，必须联合一切可以联合的人，永远不要单兵作战。只有在各方面与他人互助协作，你才能勇立潮头，取得更大的成功，否则，你就可能因一己之力薄弱而永远都无法实现目标。

人心齐，泰山移。合作就是力量。现在的社会是一个合作的社会。一个人有了合作的精神，那么他就成功了一半。人与人相处，只有相互合作才能把事情办好，才能顺利地实现彼此的目标。

不管你走到美国的哪家企业，你都会听到人们在谈论团队，关于参与管理的理论已经引起了团队工作的革命。种种迹象表明，过去只会对下级发号施令的经理们，将被具有团队意识的领导所取代，因为他们更有创造性、控制力，同时还能帮助团队成员，与他们共同工作。

小吉姆在他的玩具沙箱里玩耍。在松软的沙堆上修筑公路和隧道时，他在沙箱的中部发现一块很大的岩石。小家伙开始挖掘岩石周围的沙子，他手脚并用，没有费太大的力气。但是，大半个岩石露出来之后，他发现它实在太大了，根本不可能搬走它。无论是手推还是肩挤，吉姆始终没有成功。每次，当他刚刚取得一些进展的时候，岩石便滑脱了，重新掉进沙箱。

最后，他伤心地哭了起来。这整个过程，吉姆的父亲从楼上的窗户里看得一清二楚，他来到了儿子跟前："吉姆，你为什么不用上所有的力量呢？"小男孩失落地抽泣道："但是爸爸，我已经用尽了我所有的力量！""不对，"父亲纠正道，"你并没有用尽你所有的力量。你只依靠自己的小力量，没有请求我的帮助。"

父亲弯下腰，抱起岩石，搬出了沙箱。

从这个故事中可以看出个体力量是有限的，有许多事情依靠一个人是无法做到的，但对于这个问题，并不是就解决不了，而是要去借助别人的力量才能完成这件事。

一个人能够凭着自己的能力取得一定的成就，然而如果把自己的能力和别人的能力结合起来，就会取得意想不到的成功。因此作为个人，一定要善于和他人合作，把合作的人能力发挥到最佳，形成一个更强大的"能量体"。这样不仅增大了自己的力量，还实现了一个人办不到的事情。在工作中，只有懂得这个道理才有可能成就自己的大业。

员工之间不协调，工作就开展不好，只会把事情弄糟，引起痛苦和烦恼。领导者的智慧所在，既能妥善分配员工的工作，又能协调他们之间的合作。

作为团队的一名成员，你的成功取决能否与其他成员合作以实现既定目标。如果要成为未来的企业领导者，你就应具备能激励他人的能力，培养员工的奉献意识，帮助团队为实现企业的远大目标而制订规划。如果能表现出自己的技能，证明你可以在团队中工作并能成功地管理团队，这将会给你带来成为领导者的机会。

因此，为了促进团队合作和竞争意识，西点军校修改了最传统的"担任"活动。西点以前的角力棒搏击是"一对二"的比赛。来自不同排的两位选手戴橄榄球头盔，相互对峙，直到一方被"击毙"为止。而现在，两队新学员围成内外圈，如果同伴都被"击毙"，剩下的士兵则不得不代表全队与众多的敌人作战。这么做的目的就是让学员知道，你不单是为自己在战斗，你还要保护同伴的安危。这样，就在比赛中培养了学员们的团队合作意识。

尽管团队合作看起来有动力而且有利可图，但是在美国的工作环境中，开展团队合作仍然非常艰难。美国人似乎崇尚绝对的个人主义。由于多种原因，他们很难开展团队合作。实际上，在转换到团队方式以后，很多企业都报告说没有达到预期效果。然而，尽管如此，受多种因素的影响，团队管理仍然被认为是美国未来的潮流。1987年，美国审计总署发现，在476家大型企业中，70%的企业采用了最简单的团队合作形式——质量小组。波音、Caterpillar、福特、通用电气、通用汽车以及数码设备公司等主要企业都极力提倡团队合作的概念。由于中层管理者害怕失去权力，工会领导担心失去工作，所以他们会抵制团队战略和团队合作的做法。然而近期以来，那些充分利用团队合作的外国竞争者已经对美国的企业安全构成了威胁，因此很多反对这方面的人转变了态度。在汽车工人联合会最近的一次大会上，通过多数原则产生的表决结果显示，工人们支持参与决策和团队合作。在20世纪90年代，几乎所有主要企业都投入了大量的人力和财力，用于在管理层和员工中开展团队合作。

尽管你不必成为这方面的技术专家，但是你需要理解这方面的基本知识，表现出自己在参与团队工作方面有很强的管理技能。很多企业希望找到喜欢团队合作的人，而且希望他们能够了解团队怎样工作。对团队工作及其形式了解得越多，你就越有吸引力，从而更能被重视团队合作的企业所青睐。

这里有一个速成秘诀，它介绍了越来越盛行的一种团队模式：高绩效团队。这些团队有几个特点。首先，他们有一个清晰的目的或使命，这个目的或使命通常包含在企业的使命书中，它反映了企业的远大目标。正是凭着这个目标，团队才有了一种方向感。相对于整个团队来说，小组也有明确的目标，而且小组每个成员的作用也很清晰明确。其次，高绩效团队有充满活力的领导者：领导者知道怎样利用团队各个成员的力量，因此能高质量地解决问题，这种解决问题的方式远超出单个成员的能力。再次，在高绩效团队中，沟通是开放和坦诚的。团队成员可以通过合作发现并处理分歧。小组的所有成员都参与决策，而且小组可以做出重大决策向前推动工作。最后，高绩效团队的气氛良好，每个人以成为团队的一员为荣。他们一起庆祝成功并总结失败，将失败当作学习的机会并且努力在下一次做得更好。

如果能显示自己理解高绩效团队的特点，或者表明自己知道怎样创立和维持一个团队，这将使你在面试中受益匪浅。

合作才能创造价值

体育教学训练中，团队意识的培育和强化是一个极为重要的部分。特别是在足球、篮球、排球、游戏等多项团队运动中，团队意识的强弱是决定一支球队是否优秀的重要因素之一。没有良好的团队意识与合作精神，整个球队只会是一盘散沙，无法形成较高的凝聚力和战斗力，更别提球队能创造什么价值或是要取得比赛的胜利了。

古人用"一山不容二虎"来形容自我意识很强的人相处不易的困境。在可口可乐（中国）公司，员工的合作精神和自我意识就是通过建立足球队式的团队关系融合在一起的。

可口可乐价值观里面强调协作，要求员工群策群力、发挥集体智慧。在以销售浓缩液为主要经营模式的可口可乐，强调协作的意义在哪里？

可口可乐将浓缩液卖给瓶装工厂，由瓶装厂生产产品，但新产品研发、宣传、推广、消费者教育等都是可口可乐为主做的。举个例子，可口可乐非碳酸饮料有果粒橙这个品牌，这是美国可口可乐授权、由中国研发团队研发出来的，从原料采购、浓缩液生产、销售给瓶装厂是我们做的，研发、推广整条链我们都有的。

跨部门沟通在公司非常必要。一瓶可乐从产品线出来，要经过市场部提案、研发中心研发、生产部、运作部、瓶装厂这个过程，中间财务部还要做产品盈亏分析。其中一个链条断裂，新品都不可能产生。

可口可乐通过哪些方法促进各部门之间的协作？

方法很多。比如，有午餐会，员工一边吃饭一边听取市场部的最新产品推介、活动介绍等，或者由运作部门同事分析市场发展状况，这是至少一个月一次。可口可乐（中国）有南北两个大区，大区之间的主要管理人员每两个月至少会进行一次业务交流会议。另外不同部门有午餐例会加强部门内部沟通协作，人力资源部一个月一次，财务部一个月两次，这些例会都很频繁。

没有会议时各部门员工之间都有交流。每年也有员工沟通大会，宣布公司过去一年的业绩，规划未来一年的状况。

一些重要项目进行时，公司会把参与项目的员工统一调配到一起，方便他们展开工作。比如奥运会奥运团队在北京，可口可乐作为奥运会赞助商，把各个部门的重要成员调到北京，方便他们沟通。

为了让承担某一工作的员工在可能的情况下承担其他的工作，公司是否有相应的机制在这方面？

碳酸饮料组义务承担非碳酸饮料组工作的那个例子典型地体现了团

队合作，但具有特殊性。在日常工作中，各司其职能够保证专人专用，尤其是在可口可乐这样机制比较健全的老牌公司里更是如此。

在可口可乐，很重视领导力发展，在过去的两三年开始开展培养内部接班人计划，力求管理梯队能无缝交接，不会因为某人的离开使工作面临很大危机。

一线经理有一项综合培训课程共有五天，里面有很大部分内容是关于团队合作的。比如如何培养团队合作精神、如何建立团队。

有没有很自我的，不太喜欢团队合作的员工呢？

对于个人能力很强但忽略了团队合作的员工，通过360度反馈让他加强对自己的了解，在需要的情况下给他提供导师。导师一般是经验资深并且有说服力的，可以引导他改善这样的情况。如果这种方法不奏效，则会给他做岗位调整，放到那些不需要太多团队合作精神的团队里面去。比如计划、单个项目或者领导下属不多的岗位。

原来有一个大区经理，因为跟上司工作风格不太一样，业绩效果不太好。今年初被调配到奥林匹克项目组后，这个员工的才能得到充分发挥，表现不错。以前他的主要工作是业务拓展，新的角色是奥运会场所管理，工作性质很不一样。通过岗位调配后，他发挥了所长，公司也挽留了一个人才。

一般来说，调配由上级主管提出，人力资源部协调，经过本人同意则实施调配。在可口可乐（中国），每年有三四个员工会参加调配。可能的原因会涉及三方面：一个是公司业务变动，第二是根据员工职业发展规划，另外就是员工在原来的岗位处在瓶颈状态。

　　不久前，市场部非碳酸饮料组四位同事一起乘坐大巴出行，不幸出了车祸，三位同事严重受伤，要休息两个月。当时非碳酸饮料组和碳酸饮料组正在合作一个项目。得知合作小组的意外事故后，为了不耽误项目的进程，碳酸饮料组和非碳酸组余下的那位同事一起，义务承担了非碳酸饮料组的全部工作，项目得以顺利进行。

　　讲到这个故事，可口可乐（中国）饮料有限公司人力资源经理彭智勇感到很自豪："可口可乐公司就像一支足球队，虽然后卫有后卫的工作范围，前锋有前锋的职能区域，但前锋不在的时候后卫要补上。这是公司的一个运作模式。"

　　所以，各个岗位之间紧密配合，共同呈现给顾客一个完美的服务印象，是企业成功赢得客户的关键。

　　在美国的一次艺术品拍卖现场，拍卖师拿出一把小提琴当众宣布："这把小提琴的拍卖起价是1美元。"还没等他正式起拍，一位老人就走上台来，只见他二话没说，抄起小提琴就径自演奏起来。小提琴那优美的音色和他高超的演奏技巧令全场的人听得入了迷。

　　演奏完，这位老人把小提琴放回琴盒中，还是一言不发地走下台。这时拍卖师马上宣布这把小提琴的起拍价改为1000美元。等正式拍卖开始后，这把小提琴的价格不断上扬，从2000美元、3000美元，到8000美元、9000美元，最后小提琴竟以10000美元的价格拍卖出去。

　　同样的一把小提琴何以会有如此的价格差异？很明显，是协作的力量使这把小提琴实现了它的价值潜能。

　　一个人，一个公司，一个团队莫不是如此。如果只强调个人的力量，你表现得再完美，也很难创造很高的价值，所以说"没有完美的个人，只有完美的团队"。

作为管理者，看看自己是否也在孤军奋战，不妨将团队的力量进行很好的发挥，让公司看到整个团队的光芒，你才会脱颖而出。

那么，要怎样加强与同事间的合作，提高自己的团队合作精神呢？

1. 善于交流沟通

同在一个办公室工作，你与同事之间会存在某些差别，知识、能力、经历造成你们在对待和处理工作时，会产生不同的想法。交流是协调的开始，把自己的想法说出来，听听对方的想法，你要经常说这样一句话："你看这事怎么办，我想听听你的想法。"

2. 平等友善

即使你各方面都很优秀，即使你认为自己以一个人的力量就能解决眼前的工作，也不要显得太张狂。要知道以后还有很多不可预知的事情，以后你并不一定能只凭自己完成一切。还是做个友善的人吧，平等地对待对方。

3. 积极乐观

即使是遇上了十分麻烦的事，也要乐观，你要对你的伙伴们说："我们是最优秀的，肯定可以把这件事解决好，如果成功了，我请大家喝一杯。"

4. 创造能力

一加一大于二，但你应该让它变得更大。培养自己的创造能力，不要安于现状，试着发掘自己的潜力。一个有不凡表现的人，除了能保持与人合作以外，还需要所有人乐意与你合作。

5. 接受批评

请把你的同事和伙伴当成你的朋友，坦然接受他的批评。一个对批评暴跳如雷的人，每个人都会敬而远之的。

在同一个办公室里，同事之间有着密切的联系，谁都不能单独地生存，谁也脱离不了群体。依靠群体的力量，做合适的工作而又成功者，不仅是自己个人的成功，同时也是整个团队的成功。相反，明知自己没有独立完成的能力，却被个人欲望或感情所驱使，去做一个根本无法胜任的工作，那么失败的概率也一定更大。而且还不仅是你一个人的失败，同时也会牵连到周围的人，进而影响到整个公司。

由此不难看出，一个团队、一个集体，对一个人的影响十分巨大。善于合作，有优秀团队意识的人，整个团队也能带给他无穷的帮助。一个个体要想在工作中快速成长，就必须依靠团队、依靠集体的力量来提升自己。

信任是团队赖以生存的条件

乔纳森·威廉姆斯说："对团体伙伴的信任是团队赖以生存的条件，没有这种条件团队就会毫无战斗力，甚至可能很快瓦解掉。"西点军校信奉的是："我们这样团结起来可以创造一种集体观念的气氛。"因为信任你的"战友"是团队精神的表现，也是互相尊重的体现。

西点军校的学员总是自觉地帮助学习较差的同学。如果某个学员的车坏在路上，只要有西点的学员经过，就一定会帮忙帮到底。当西点人看到自己的伙伴遇难时，会毫不犹豫地竭尽全力帮助他。这对于西点的学员来说是一种基本的素养，也是长时间养成的习惯。

要知道在一个团队中缺乏信任是很可怕的一件事。

弗朗西斯、埃尔维斯和丹尼尔三人去沙漠探险，不幸的是却被困在了沙漠里，在沙漠里没有水源，他们的水已经喝光几天了。为了不至于渴死，三人决定分头去找水源。为了不至于在遇到危险或迷路的时候无人搭救，他们约定一旦发现水源或者需要帮助时，就向天鸣枪，听到枪声的人要立刻赶过去。

弗朗西斯向手枪里装了5发子弹，带着手枪独自向东出发。大约走了5公里的时候，正好到了中午这段时间，火辣辣的太阳照射着大地，似乎要把一切烤焦。由于口渴得很厉害，他再也走不动了。弗朗西斯心想："还是让他们两个来救我吧。"于是他朝天开了一枪。

可是枪声过后，弗朗西斯认为自己太天真了，一定不会有人来救自己。转念他又想，或许是他们没有听到枪声，于是他又开了一枪。第二声枪响之后，他等了一会儿，依然没看到有人来救自己。弗朗西斯开始急了："这次他们肯定能听到枪声，可是他们却不来救我，可能他们是故意不来救我的。他们两个商量好了这个阴谋，目的就是等我死了瓜分我的财物，这是有预谋的。"

弗朗西斯边想边往回走，而且又绝望地鸣了第三枪和第四枪，第五枪他打向了自己，因为口渴和绝望让他无法忍受了，只能选择自杀。

当弗朗西嘶鸣枪的时候，其他的两个伙伴已经会合了，因为其中一个已经找到了水源。他们两个听到枪响的时候，立刻带着已经找到的水，向弗朗西嘶鸣枪的方向前进。不过遗憾的是，他们只是发现了弗朗西斯的尸体。因为他不信任自己的伙伴，所以只能一个人落得埋骨黄沙的下场。

因为不信任自己的"战友"发生了这场悲剧。然而如果是三个西点的学员在一起就不会发生这样的悲剧。训练有素的学员总是充分信任自己的伙伴，他们知道信任是使团队进步的重要力量保障，是一切与人沟通交流的首要条件，只有信任才能让彼此的力量凝聚在一起，才能保证团队最强大的战斗力并赢得胜利。

其实信任是每个组织和团体成功的关键，在一个企业中上司和员工之间、员工和员工之间也需要相互信任。对一个长期运作，以求不断发展的企业来说，为了保持竞争力，很多时候都会面临改变自己的情况，而且每一次改变都会遭到不同程度的反对或质疑。因此，只有信任才能消除员工认为可能带来的不确定性和困惑感，才能让员工始终为企业着想。员工们互相信任，精诚合作，才能为企业的发展带来源源不竭的动力。

然而现在有很多人却不相信别人，也不相信自己的队友，因此很多人普遍存在信任危机。这种危机不但让人和人之间的距离越拉越大，也使得人与人之间的沟通不彻底，让沟通变得更艰难，甚至是可有可无的。在一个企业或团体里，员工之间互不信任、互相猜疑，对一个企业的发展是极为不利的。它会让企业发展缓慢，工作效率低下，员工们成天都在钩心斗角，长久下去必然会倒闭或解散。

可以说没有信任就没有合作，没有合作就没有团队精神，没有团队精神就意味着无法发展，不能发展就意味着不能融入这个社会，那最后的结果就只能是被这个社会淘汰。所以年轻人如果想在优秀的团队中成为一名优秀的员工，就一定要信任自己的合作伙伴，这样才促使这个团队的进步，也才能使自己进步。

在一个团队中，信任就是诚实、正直、不欺骗和夸大，这是团队赖以生存的基本条件。

　　信任你的伙伴、战友、同事，同样也是个人成功的重要条件，只有这样才能达到双赢的最佳效果。

懂得分享

只有懂得分享的团队才会是一个团结的团队，也才是一个无敌的团队，而且分享还会让人更加快乐，让快乐的和积极的氛围不断地在团队中增长。一个拥有快乐和谐氛围的团队，一定是一个高效的团队，也是合作默契的团队，这样的团队是不可战胜的。所以无论何时都要记得与别人分享胜利的果实。

"飞人"乔丹是篮球场上的英雄。几乎每一场比赛他都有极佳的表现，甚至有时候他一个人的得分就占到全队得分的一半左右。面对这样好的成绩，乔丹从来都不独享这种胜利，他把胜利说成是大家的，所以他和队友之间的合作才会那么默契，才能赢得无数次的胜利和荣耀。

他在退役的时候说："在别人看来我站在了篮球世界的荣誉顶峰，其实每当听到这样的溢美之词，我都会感到惶恐。我所取得的任何成绩，都是和队友们一起训练、一起努力、一起配合得到的，还有赞助商和每一个支持我们的球迷，因此荣誉属于你们每一个人，我只是作为你们荣誉的代表，一次次地为你们捧起奖杯和荣誉。"

篮球是一项讲究配合的团队运动，而乔丹的队友们之所以愿意做乔丹的陪衬，就是因为乔丹具有与别人分享胜利的精神，不会把荣耀全部揽在自己名下。尽管外界已经把荣誉的光环戴在了乔丹的头上，但他却把每一次的胜利都看作是全体努力的结果，依然会把成功的喜悦带给队友，对自己的队友说，我们是一个团体，没有你们我什么也做不了。他还经常对媒体说，球队取得的胜利，是全体队员配合的结果。这样的人当然会得到队友的无私帮助，也理所当然地能够取得巨大的荣耀。

现在很多企业或团体都有过这样的经历：企业处于困境时员工们能够团结一心，众志成城地奋斗，挽救企业于水火之中。最终，他们的努力没有白费，企业终于起死回生，并且取得了一定的成绩。但令人遗憾的是，最终这些能一起吃苦的人，却因为不能一起享乐，而最终再次面临危机。

如果你也是企业中的一员，一定不希望出现这样的情况，那就要努力培养自己与团队成员分享胜利果实的意识。无论你个人取得多大的成功和胜利，只要是和同事们一起共同完成的，就不能一人独享胜利的果实，而是要积极地与别人分享。要知道成功是整个团队共同奋斗的结果，只有具有分享精神的员工才能和同事们相互合作，共同进步。

有一位风水师上山帮人看风水，爬到半山腰时感到口渴得非常厉害。前面有户人家，他就走过去想讨碗水喝。这家只有一个婆婆在家，婆婆给他倒了一杯水，又拈了点儿糠（谷物的外壳）丢入水中。

风水师一边吹着谷糠，一边喝着水，他暗想："臭老太婆，一杯水也不让我好好地喝，还放点糠在里面，害我只能边吹边喝。"

婆婆知道风水师的身份后，兴奋地说："我们家已经穷了好几代，你能否帮我们家看看风水，让我们的后代子孙有个好的出路啊！"

风水师心想：刚才跟你要一杯水，你却故意让我喝不好，现在正好借此机会整整你！他走出屋外，看了一下后告诉婆婆："其实你这块地是旺地，只需将房子由现在的面朝西改成面朝东就可以了。"其实，风水师说的面朝东却是大凶的方位。

婆婆当然不知道这一点，反而对风水师千恩万谢。

几年之后风水师又路过了这里，他想起了当年曾暗害这里的老太婆这件事，不禁暗想：老太婆全家一定过得惨不忍睹吧！

这里已经变成了一处非常热闹的集市，当年的破房子已经不见了。这时一位穿着讲究的妇人来到了他的面前，惊喜地喊道："大恩人，你终于来了，自从我家发财之后一直想谢谢你，今天终于见到你了。啊？你不认识我了？我就是几年前请你喝水的婆婆！"

风水师大为惊诧，瞧婆婆这身打扮，不像过得很差的样子啊。婆婆带着风水师来到一栋非常豪华的房子，盛情款待了他。

风水师忍不住问道："不知婆婆做了什么生意，竟然在几年时间里就如此富有了？"

"都是按照你说的做的，但我想与其让我一家富了还不如让我们全村都富起来，所以我就把这个好消息告诉了全村的人。消息就这样传了出去，最后连其他村的人都知道这里是一块福地，纷纷跑来盖房子，所以这里就成了远近闻名的集市了，而我也就慢慢地发财了！"

风水师一听感到非常惭愧，也领悟到在大爱面前风水也会失去效力。接着他又问道："婆婆，当年你为什么要在水里加糠呢？"

"那时候你累得气都要喘不过来了，我怕你大口喝水会被呛到，所以才故意放一点糠，让你小口喝水，不至于因为喝得太急而呛到。"

风水师听到这里感觉更加惭愧了。

因为分享让大凶之兆变成了发财的大喜事，让贫穷的人变成了富人，所以与人分享收获的果实，不但能帮助自己，也能帮助别人。

其实，无论是在工作还是生活中，每个人都需要别人的帮助，只有在互相合作的情况下，社会才能不断地取得进步。因此只要你心怀感恩，把快乐、美好的东西与人分享，就会在收获成功的同时，收获到满足和快乐。

但现实生活中总有一些人，明明个人能力很强，却不屑于与人合作，更不会把自己的思想、经验等东西拿出来与人分享。就算别人来请教他，也得不到一句有用的东西，只能听到敷衍之词。这种只重自我发展、轻视团队合作的人，是很难在团队中找到立足之地的，也不会取得很大的成就。

因此，要记得与别人分享。当你这么做了的时候，你会发现同事、朋友们是如此的善良，团队是如此的温暖，工作和生活原来是可以如此美好的！只要你想，随时可以分享，随时可以因分享而获得快乐。

分享是具有团队精神的表现，分享是一种舍得，原本属于你的有些东西要与人一起分享；分享是一种胸怀，它让你心中有团队，一心为集体；分享是一种智慧，因为它放大了幸福和成功，收获了快乐；分享是以中国荣耀，它让人与人之间充满支持和信任。

合作才能发展

只有合作才能发展，因为个人的力量永远不能和团队的力量相比。西点学员都懂得只有建立良好的伙伴关系，才能取得共同的进步。

年轻人要想获得未来事业的成功就要像西点学员一样学会与人合作，合作一方面可以弥补自己的不足，另一方面还能形成一股更强的力量，这样才能更好地地适应社会的需要，更快地获得成功。

经营企业也是一样的，只有善于合作才能把企业做大、做强。王永庆就特别强调合作的重要性，他认为所谓的团队不一定是自己内部的团队，与外界的合作者建立起来的合作关系，也是一种团队的表现。只要拥有一个相互协作的团队，让双方达到共赢，就一定会赢得成功。

西点军校为了增强学员间的团结协作精神和凝聚力，特设了巴克纳野战营，通过在这里的训练来达到这样的效果和目的。

巴克纳野战营的演习是十分紧张和残酷的，其目的就是要让每一位学员在演习中学会团结协作，让他们领悟到团结的力量。巴克纳野战营的训练项目有很多，排除障碍就是其中的训练课程之一，这个课程的目的就是让学员在障碍面前，可以互相帮助，共同完成任务。其中有一项活动的要求是这样的：学员每6个人一组，爬上一个有4级台阶的平台，每级台阶间隔2.7米，一组人都必须爬上去，然后再爬下来。教官不会告诉学员该怎么做，但学员们站在地上看着这个10多米的高台，心里非常明白不互相合作是爬不上去的。

还有一个训练是这样的：学员分成若干小组，每组35人。各小组在规定的时间内，完成搭好一座临时组合桥的任务。这种临时组合桥，每一块桥面和梁柱都有几百公斤重，仅仅抬起一块桥面，就需要一大群人的力量，所以大家必须依靠团队合作才能完成任务。

西点学员最终都能够顺利完成任务，取得合格的训练成绩。当然，这都是因为他们懂得，在一个团队中，只有相会协作，才能共同进步。

从某一方面来说，现代公司的竞争无疑是团队间协作能力的竞争。只有员工具备精诚合作的团队精神，才能保证公司立于不败之地。在专业分工越来越细、市场竞争越来越激烈的前提下，合作变得越来越重要，单打独斗永远不可能取得很大的成就。只有打造一支具有合作精神的团队，才能保证公司实现自己的目标。

星巴克是全球最大的咖啡连锁店，它的成功得益于注重和培养员工之间的合作精神。

星巴克的每位员工在工作上都有比较明确的分工，有人主管咖啡的制作，有人专门管理内部库存，有人专门负责收款。但每个人对店里所有的工种，都要求能熟练地掌握。因此在分工负责的同时，在少一个人的时候，别人立刻就能顶上。当一个员工很忙，而其他人不忙的时候，那个不忙的人要主动帮忙。

作为星巴克的员工，无论你来自哪个国家或地区，只要你进入星巴克就要在商店开张之前到星巴克总部接受3个月的培训。培训的主要内容不是和咖啡相关，而是将大部分时间用于让员工之间进行配合。为了鼓励员工发扬互相协作的精神，公司设计了各种各样的小礼品，目的就是要让每个员工都能体会到合作的重要性，合作才是公司发展进步的核心。

星巴克能在市场中独占鳌头，就是因为这个原因。

虽然不可能人人都进入星巴克，但却可以学习星巴克员工的协作精神，协作永远是使自己受益、也让别人受益的一件事。只顾自己既不会让别人受益，也不会让自己受益。"一荣俱荣，一损俱损"说的就是这个道理。因此只有懂得协作的人才能明白协作对自己、对他人乃至整个团队的重要意义。

只有与别人相互合作、彼此相互扶持才能实现目的和达成愿望，最终取得共同进步，为人生开启一片崭新的天地。

关于合作的解释

合作是什么呢？简单地说，合作指的就是两个或两个以上的人或群体，为了实现一个共同的目标，在某项活动当中联合协作的行为。中国有句俗话，"三人同心，其利断金"。一个人的能力再大，也只是单枪匹马，只有众志成城才能移山填海，获得最终的胜利。在我们的工作与学习当中，每一个人的能力与特长各不相同，同时还必有强弱高低之差别。然而作为一个集体，是根本不会拒绝每一分力量的，因为它那巨大的能量来自于每一份点滴之力的积累。

一个"合"字有多少深意？懂得合之道的学生，能团结同学；懂得合之道的长者，是兴家之瑰宝；懂得合之道的商人，方能财源滚滚。

合作本身代表一种机遇。经常与他人合作，一个人就能发现自己新的能力。如果自我封闭，身上的潜力永远也发挥不出来。要想提高自己的生活质量，为自己创造更多的机会，就要广泛地结交朋友，与他人互动。毕竟，没有一个人能在孤身的环境中发挥自己全部的能量。下面的例子就很好地说明了这一点。

1986年，中日两国决定合拍一部反映中国教育现状的电视短片，一位正在念大学三年级的女学生通过自身的努力，被工作人员选为电视片中女主人公之一。说实话，这位念中戏表演专业的女生，身材还可以，可长相就太一般了，尤其是那两颗虎牙特别难看。剧组领导曾经想到要让她到口腔医院拔牙，后来因为担心开机而作罢。将近一个月的戏终于拍完了，她得到了200元的报酬。几乎没有多少人看过这部名为《暑假里的故事》的教育短片，更没有赢得几个人对她所扮演角色的肯定。但这次却成为这位大三女生演员生涯中最初的打磨，也正是由于这次的表现而使她第二年就进入了电影《红高粱》剧组，从此一炮走红。她就是如今在国际影坛上大红大紫的巨星巩俐。

这就说明，一个成功的人绝不是靠单枪匹马闯出来的，他需要有人助他一臂之力。优秀的合作精神可以带来广阔的前景，独木难成林，一个人的能力再强也是有限的，只有善于与人合作，才能弥补自己的能力不足，达到自己原本达不到的目的。

我们的一生之中，总会闪现一两个难得的机遇，出现一两个难得的人，这就构成了难得的合作。有些人你没有感觉在依靠，其实无时无刻不在依靠，他就是合作者。其实，大家从事相关联的工作，守护不同的环节，但却有着相同的志趣和目标，这就要求双方精诚合作，互相配合，所以说，合作是一荣俱荣的关系，人"合"才能万事兴。

与什么样的人合得来，有什么样的朋友；与什么样的公司合作，出什么样的效益。与合得来的朋友合作，创万事兴旺的大局面。找到一个适当的人去合作吧，也许那就是你优秀的起点，成功的起点。

当自己拥有一定能力的时候，找一个合适的机会，找一个合适的合作对象，这些都是成功必不可少的前提条件，也是拥有一个优秀起点的基本保证。

俗话说："家和万事兴"。对于合作也是一样的，只不过这里的"合"包含了更多的深意，对个人的要求不能有任何的折扣，否则，这种合作是没有多大意义的。

合作本身无非是双方或者几方的人一起讨论并完成某项事情，在这个过程之中，善于合作的人就能利用对方不动声色地完成自己的目的，而不懂得合作的人，只能白忙一场，竹篮打水一场空了。

怀着一颗努力向上的心，打造出一个适合与人去合作的自己，找到一个志同道合的人，一起去寻找成功的喜悦吧。

在美国唐人街曾流传着这样一句话："日本人做事像在'下围棋'，美国人做事像在'打桥牌'，中国人做事像是'玩麻将'。""下围棋"是从全局出发，为了整体的利益和最终的胜利可以牺牲局部棋子。"打桥牌"的风格则是与对方紧密合作，针对另外两家组成的联盟，进行激烈竞争。"打麻将"则是孤军作战，看住上家，防住下家，自己和不了，也不能让别人和。这种做派显然是不好的，尤其是自己作不出来成绩，也不让别人出成绩，更是严重影响发展。

因此，我们倡导合作，只有社会中的人们善于与别人合作，才能够使得社会快速、健康地向前发展。

汉高祖刘邦在平定天下之后，便设宴款待群臣，席间，他对群臣说："运筹帷幄，决胜于千里之外，朕不如张良；治国，爱民和用兵，萧何有万全的计策，朕也不及萧何；统帅百万大军，百战百胜，是韩信的专长，朕也甘拜下风。但是，朕懂得与这三位天下人杰合作，所以，朕就能得到天下。反观项羽，连唯一的贤臣范增都团结不了，这才是他失败的原因。"

所以，为了在竞争中取胜，合作成为人们唯一的选择。

每一个人都要富有合作精神，合作才能产生力量；合作是领导才能的基础，合作是开展所有组合形式的开始。一群人为了达到某一特定的目标，而把他们自己联合在一起。拿破仑·希尔把这种合作称之为"团结努力"。

合作对于一个人是十分有必要的，它可以让你事半功倍。正所谓是独木难支，当你想要有所作为的时候，只有与其他人亲密合作，才能既快又稳攀上山顶的最高点，感受"会当凌绝顶，一览众山小"的豪情。

一个人的力量即使再大，也是有一定的限度的，合作越来越显出了它的重要性，合作无处不在。乔汉马修阿丹说，"帮助别人往上爬的人，往往会爬得更高一些。一个能与同伴合作的人，将会飞得更高、更远，而且更快。"这就充分说明，如果你帮助其他人获得他们需要的东西，你也理所当然地从别人那里得到你想要的东西，而且你帮助别人越多，你得到的也就越多。合作的可贵之处在于，可以使合作双方不停地向目标前进而不至于跌入失败之中。

在这个世界上，一个人的力量实在是很小的，只有通过合作，才能拥抱成功。一人之力是站于海岸遥望海中已经看得见桅杆尖头的一只航船，需要风浪的推动；一人之力是立于高山之巅远看东方已经光芒四射喷薄欲出的一轮朝日，需要朝霞的映衬；一人之力是躁动于母腹中的快要成熟了的婴儿，需要母体的滋养。

合作是通往成功的指路灯。丹麦天文学家第谷用了近30年的时间精密观察行星的位置，积累了大量精确而又可靠的资料。然而只因不善于理论思维和科学整理，因此，未能在其当中有所重大的发现。临终前第谷将资料转交给助手开普勒，并告诫他按这些资料编制星表。第谷的精确观察与开普勒的深刻研究相结合，到最后终于引出行星运动三大定律的发现，从而揭开了天体运动的秘密。如果没有合作，这一行星运动三大定律将从何谈起呢？

合作是铺向成功路上的基石。战国时期的蔺相如多次立功，而且使得完璧归赵，被赵王委以重用，他在担任赵国宰相时，廉颇老将军居功自傲，十分不服气，并处处刁难于他。蔺相如为了国家的整体利益，对廉颇老将军处处相让。在当廉颇老将军最后明白了蔺相如的初衷后，顿感到十分惭愧，并亲自到宰相府负荆请罪。到后来，他们在处理国家事务中便精诚合作，终使赵国日渐兴旺，"将相和"这个故事也被人们从古到今传为了历史佳话。没有合作，哪来国家兴旺？

公元前318年，楚、赵、魏、韩、燕五国组成联军共同进行抗击秦国的侵略，然而，在其过程当中由于人心涣散，不团结，只想自己的眼前利益，不能够很好地合作，最终导致了失败。若各国在当时精诚合作，充分集中起来各国的兵力、物力和财力，是一定能够打败秦国的。

　　合作是开向成功的列车。在这个世界上不论做什么事，合作才能够成功，合作才会有力量。例如一个人的身体，眼睛要看，耳朵要听，脚要走路，手要拿东西，嘴要说话，功用虽然不一样，然而合作是不可缺少的。只有相互合作，做事才能成功。

　　人的手掌有五根手指头，如果只靠一根指头根本无法提物；如果五指"合作"并用，才能成为一个拳头，而更有力量、更灵活地去做事。

　　又比如一根木柴，不易烧得出火；一大把木柴放在一起，就能发出熊熊火光。世间上的一切成就，也必须是众缘和合，必须把众多的力量集合在一起，才能众志成城。所以，不要嫉妒别人，不要排斥别人，唯有大家合作，才能得到彼此的方便与顺利。

　　有一间房子里，住了瞎子、哑巴与跛子三人。在一天，房子忽然失火了，在这情急之下，瞎子请哑巴驼负跛子，由跛子指引哑巴找到出口，瞎子跟随在后，三人终于"合作无间"地顺利逃出火宅。这个故事，即在说明人只要肯合作，就没什么办不了的事情，就没有成就不了的事。

　　偌大的宇宙之中，地水火风，因缘而合，才能使万物生长、土木瓦石，条件俱全，才能兴建房子。矿物经过分子合作，才能合成化学、合成石油、合成树脂、合成纤维等新产品；音乐表演要通过合奏、合音、合唱，才能发挥音域的宽广和谐之美。商业经营，也有所谓的合股、合资、合伙、合作。小沙石要"集合"才能堆砌成山丘；小水滴要"合流"才能汇聚成江河大海。合，才能大；合，才能高；合，才能好；

合，才能成。

合作固然重要，但是一定要懂得分工合作，各司其职，才能够分层负责。在一个团体之中，主管要懂得授权，授权就是分工；部属要懂得团结，团结就能够合作。分工与合作考验彼此的默契，就像"两人三脚"，必须默契十足，使之动作一致，如此才能在缺陷中充分地发挥出互补的功能。

强强联合

合作机会靠创造，好的合作又创造出新的机会，此善之报，循环往复下去，到达目的地。

茫茫人海，能遇到一个有共同追求又愿意一起干一番事业的人不容易，在这样的人和机会出现的时候，双方当然会期望一种双赢的合作。而双赢合作就是创造性合作。

很可惜，当合作过程中发生分歧的时候，太多的人浪费太多的时间精力在打击批评、玩弄手段、文过饰非或是曲解对方。这就仿佛一脚踏着油门，另一脚踩着刹车，车子还能开得稳吗？分歧发生时本当及时刹车，但许多人反而猛踩油门，施加更大压力，为自己找更多理由来自圆其说，这都是不够合作的表现。不论是仗势欺人，损人利己，或企图讨好别人而损己利人，都不可能产生创造性合作。

由此可知，创造性合作必须尊重差异。

每个人都是独立的个体，对一件事情有不同于他人的看法也是很正常的事情。而人们在这样的时候却往往坚持己见，一意孤行，处处要别人顺从与附和。他们不了解，人际关系最可贵的正是接触不同的观点。

一致并不代表团结，相同也不意味齐心。团结才能互补，合作应该尊重差异。让我们用最简单的计算来说明这个看似复杂的问题：1+1=2。可有人却做到了：1+1=4。这就是协同作用：整体大于各部分之和。一次成功的合作不会以压抑个性为代价，相反，成功的合作十分尊重成员的个性，重视成员的不同想法，真正使每一个成员参与到工作中，风险共担，利益共享，相互配合，完成共同目标。

与人合作最重要的是，重视不同个体的不同心理、情绪与智能，以及个人眼中所见到的不同世界。自以为是的人总以为自己最客观，别人都失之偏狭，其实这才是画地为牢。反之，虚怀若谷的人承认自己有不足之处，而乐于在与人交往之中汲取丰富的知识见解，重视不同的意见，因而增广见闻。此所谓三人行，必有我师焉。

至于完全矛盾的两种意见同时成立，是否合乎逻辑？问题不在于逻辑，而是心理使然。有些矛盾的确可以并存，同一景象会引起互相矛盾的诠释，而且都言之成理。假如两人意见相同，其中一人必属多余。与所见略同的人沟通，毫无益处，要有分歧才有收获。

科学家曾经做过一个实验，发现当雁群成倒"V"字形飞行时，要比孤雁单飞节省70％的力气，相对地也就等于增加了70％的飞行距离。雁群的确够聪明，他们选择拥有相同目标的伙伴同行，这样可彼此互动，更快速、更容易地到达目的地。由此可见，创造性的合作，不仅对团队进步非常重要，对个人也十分重要。

与此同时，你属于自己但不等于要特立独行，合作作战永远需要。

"有很强的沟通能力并善于与他人合作"是一个人自身素质的重要衡量指标。合作精神是现在社会生存的不二法则，是成功的必要条件之一。

生活中能与人和谐相处，工作上能都与同事友好合作，一起为共同目标而努力，就能够将你独特的优势在工作中淋漓尽致地表现出来，自然会引起老板的注意，进而获得更好的发展机会。

合作机会靠创造，好的合作又创造出新的机会，此善之报，循环往复下去，到达目的地。由此得出，一个善于合作、有良好竞争意识的人，会经常获益。

一个个体要想在工作中快速地成长，就必须依靠合作，必要的时候借助他人的力量来发展自己，提升自己，在与人合作的过程中学会如何处世、如何做人，如何让自己永处于不被淘汰的位置，这样才有可能早日获得成功，并蝉联这种成功。

如果说合作是方式、是手段，双赢是目的，那么提升自己的人生价值才是最终目标。让我们在创造合作机会的同时，一起去创造美好的明天。

当今时代，合作已经成为人类生存的手段。

每个人都要学会借助他人的智慧完成自己人生的超越，于是整个世界都充满了竞争和挑战，也充满了合作的快乐。

年轻人想要获得人生的第一桶金乃至今后的成功，必须要学会合作。这里包含了与人共处的人生哲学。就像梭罗说过的一句话："独自一个人走，今天就能出发，和另一个人同行，就要等他准备好。"首先要先了解自己，发现别人的优点，尊重别人，平等对话，相互交流，达成共识。

为更好地适应生存的需要，我们应该学会"牵手"——这里指的是双方合作。年轻人要想建功立业，必须学会"牵手"，一方面可以弥补自己的不足，另一方面可以形成一股合力。

有人帮就会有更大的力量，只有与人合作，才会众志成城，战胜一切困难，产生巨大的前进动力，说合作是生存的保障实不为过。所以，养成良好的合作的习惯，就关系到你事业的成败。

这就好比地上的一盘散沙，尽管它金黄发亮，也仍然没有太大的作用。但是如果建筑工人把它掺在水泥中，就能成为建造高楼大厦的水泥板和水泥墩柱。如果化工厂的工人把它烧结冷却，它就变成晶莹透明的玻璃。

单个人犹如沙粒，只要与人合作，就会起到意想不到的变化，变成不可思议的有用之材。

年轻人要学会与人合作，掌握这种才能，从而领导自己的事业不断向前。不是所有人都能有效地与人合作，善于合作人的人，天生就是一个领袖人物。他能引导其他人进行合作，或者引导他们团结在自己周围，完成一项共同的工作，他善于鼓舞他人，使他们变得活跃。通过他的协作，他完成了单靠自己无法完成的工作。在他的协作下，以他为核心的这些人给社会提供了更加有效的服务。

有些人天生是服从者，他们不知道一件事情牵涉的范围有多大，不知道该如何面对和处理棘手的问题。但他们也有与人协作的愿望。只是他们的协作是一种消极的协作。他们会说："你看，我适合干什么，只要你安排了，我就会尽心去做。"这样的人永远只能是人下人，因为他们总是在指望别人给自己一个位置，把自己的人生当作别人人生的"附件"。

所以，通过是否善于合作，可以区分出一个年轻人是不是一个可成大事的人。

善于与人合作的人常有以下几方面的特点：

1. 学习力强。学习力掌握着我们的未来。懂得从所有的细节和人身上学习感悟，并举一反三。有这种谦卑的态度，才能真正学到东西，不断取得进步。

2. 行动力强。行动力强的人经常尝试，既是尝试就可能犯错误，犯错误不要紧，一定要善于总结然后再行动。

3. 懂得付出。想杰出就要先付出。没有点奉献精神是不可能创业的。凡事斤斤计较只是小商小贩在意的事。

4. 有强烈的沟通意识。沟通无极限但是有技巧。沟通无处不在，每一次都是一种获得。每个人的思想都是一个宝库，开开门进去看一看就是一种新的眼界和获得。

5. 谦虚待人诚恳大方。要学会谦虚，不要时常在别人面前炫耀自己的长处，这样就无形贬低了别人抬高了自己，结果被人看不起。

6. 有很强的上进心。现在的社会最大的个人危机就是没有危机感没有上进心。世界是每一个人的，但是人生是自己的。别人可以放弃自己，自己绝对不能放弃自己。

人生在世，要与人为善，宽容大度；要配合默契，热情有度；要真诚待人，以此来赢得大家的信任、尊重和友谊，获得更多的朋友。

以上六条是人际交往最基本的原则，只有不违背这些原则，你才能在人际交往中成为一个成功者，顺利获得别人的助力，最终成就一番事业。这也是每一个成功者给我们的启示和忠告。年轻人要牢记这些忠告，在与人合作中获取自己的理想和未来。

如果每个人都能够把合作看作是一份上天赐予的机缘，那么你的办事心态肯定是截然不同的，曾经有一位成功的女企业家说过："双方合作好比婚嫁。嫁的一方给嫁妆，娶的一方给聘礼，并保持喜悦的心情，这样才是一次赏心悦目的合作。"这个比喻很有意思，还简单明了，其实，就像她说的，"执子之手，与子偕老。"这不光适用于夫妻间对美好生活的向往，也是生意场上合作者之间所期望的稳定愿望。

🐺 团结就是力量

《团结就是力量》这首歌想必大家都听过吧，相信在当今的时代，团结就是力量，合作也就可以成功。

想必每个人在上学的时候，学校里面所举行的一些活动都参加过吧，譬如说：赛跑、跳远、跳高、拔河、篮球或足球比赛等，为的就是增强我们的体质，可是这里面最重要的因素，有谁又想到了呢？

在刚步入初中的时候，参加军训是每一位学生都避免不了的，人的一生还能参加几次？应该不会把第一次的军训忘记吧！在军训里面有许多的活动，像拔河比赛大家都参加过，大家都知道，做这样的游戏最需要的就是团结，只有团结的那份力量是不可阻挡的，那一份凝聚力是无法战胜的。

这样的活动可能会输，这是什么原因造成的呢？是对方人高马大吗？这当然也是不太可能的，因为像这种活动，一般来说都是非常公平的；是对方势力比我们强吗？是的，他们的凝聚力像是粘了502胶水一样的粘在一起，是拉也拉不开的，所以他们才会赢。不管分到哪个班，不管分到哪家公司，形成一股凝聚力、搞好团结合作的关系是最重要的，只有这样做了，才会取得合作的成功。

在很久以前，有一个大富翁有15个儿子，他们整天不是吵架就是打架，谁也不帮谁。富翁看到此情景，觉得非常难过，他左想右想，怎样才能让这些儿子相亲相爱呢？直到有一天，富翁正在吃晚饭的时候，他一边用筷子夹菜吃，一边就把一个好办法想出来了！是怎样的一个好办法呢？

富翁跑到商店买回去了一大把筷子，然后他把儿子全部叫到自己跟前，富翁说："来！来！来！我给你们一人一支筷子，看谁可以把筷子折断。"于是儿子们全都笑着说："那有什么难的！"大家都把筷子折断了！富翁又拿出来15支筷子说："来！来！来！我看你们谁可以一次把15支筷子折断！"

"我是老大，我先来！"大儿子拿起15支筷子就开始用力折。"呼！呼！呼！"任凭大儿子怎么折也折不断，"换下一个！"二儿子、三儿子、四儿子……15个儿子全都试过之后，可是把这15支筷子一次折断没有一个儿子做到！

"你们瞧！只有一支筷子的时候，谁都可以把筷子折断，可是当15支筷子结合在一起，就不容易折断。你们要知道，人的力量就像是筷子，虽然一个人的力量很小，如果把一个一个人的力量结合起来，就是一个无比巨大的力量！"

15个儿子听后父亲的话后，都知道自己错了，他们再也不吵架、打架了！大家相亲相爱，互相帮助，全家人过得比以前开心多了！

第四章

沟通才有团队

　　有效的沟通是一种艺术。正因为我们
常面临沟通的问题，所以我们要朝着这方
面去发展，并学习各种技巧。

沟通是团队的基础

　　沟通就是传达、倾听、协调，是团队的领导者必须具备的基本素质。通用汽车公司前总经理英飞曾经说过："我始终认为人的因素是一个企业成功的关键所在。根据我40年来的管理工作经验，我发觉所有的问题归结到最后都是沟通的问题。"

　　有时候，说话的语调比要说的话本身显得更值得信赖。因为说话的语调往往潜意识地反映你对某事或某人的真正态度。语调式沟通可以通过说话声音的高低、快慢及声音所表达的情感来实现。此外，一个人也可以通过暗示来与他人沟通，或者通过身体语言、姿势语等非语言方式进行沟通，轻拍对方的肩膀会比十几句称赞的话表达得更直接和更有意味。

　　沟通不仅是领导者个人能力、魅力的体现，也关系到整个公司的效率。关于领导者的沟通能力，美国著名的化工企业杜邦公司总裁夏皮罗曾经说："工商领袖在人际关系和沟通这项课题方面是第一号人物。如果把工商领袖的责任列一张清单，没有一项对企业的作用力比得上适当的沟通。"

团队领导者的首要责任，就是要以简单、明了的言辞说明企业的独特之处，整个企业日后何去何从，某方面发展的重要性，以及大家如何通力合作等问题，而这一切都有赖于有效的交流沟通。

沟通是两个或者两个以上的人或者团体之间传递信息、交流信息和加强理解的过程。这种社会性的沟通，特点在于每一个参与者都是积极的、主动的主体。沟通的目的在于相互影响、改善行为。

美国著名的节目主持人林克莱特一天访问一名小朋友，问他说："你长大后想要当什么呀？"小朋友天真地回答："我要当飞行员。"林克莱特接着问："如果有一天，你的飞机飞到太平洋上空所有引擎都熄火了，你会怎么办？"小朋友想了想说："我会先告诉坐在飞机上的人绑好安全带，然后我挂上我的降落伞跳出去。"当在现场的观众笑得东倒西歪时，林克莱特继续注视这孩子，想看他是不是自作聪明的家伙。没想到，孩子的两行热泪夺眶而出，这才使得林克莱特发觉这孩子的悲悯之情远非笔墨所能形容。于是林克莱特问他说："为什么要这么做？"小孩的答案透露出一个孩子真挚的想法："我要去拿燃料，我还要回来！"

你真的听懂对方的话了吗？你是不是习惯性地打断别人的话？我们许多人都会犯这样的错误：在对方还没有来得及讲完话前，就按照自己的经验打断别人，大加评论和指挥。可是，你是否想过讲话人的感受？

如果换成是你，你是否会感到自己没有受到应有的尊重呢？这样的沟通肯定是没有效果的。

科学研究表明，人除了睡觉的时间以外，必须花费70%的时间在人际沟通事务上。管理的阶层越高，所花费的沟通时间就越多。一般沟通时间中，9%以书写方式进行，16%以阅读方式进行，30%以口语沟通完成，其余45%必须花费在倾听别人的意见反映上。

交流沟通是我们生活工作中最重要的工作方式，一切工作都是建立在人与人之间。因此，要想展开高效率的工作，有效的交流沟通是员工必须学会的基础功课。

🐦 把沟通融入日常

很多人往往在意识到职业沟通的需要时才开始这么做，但这时已经晚了。特别是在就业市场不景气的情况下，这种职业沟通的耽搁和滞后给求职者带来的往往是比自己能够意识到的要严重得多的伤害。有专家提醒说，就业趋势在某些方面将会发生变化，要想抓住机遇，你就应该积极地进行职业沟通。

职业指导马修·摩伦建议说："不要等到需要的时候才开始进行职业沟通。"并且一旦开始了职业沟通，就不要停止和放弃。

另外一位作家兼职业指导贝弗利·凯伊说："对于IT人员来说，保持职业沟通是非常重要的。"这需要勤奋、耐心和把沟通融入到自己日常生活的决心。

1. 睁大眼睛寻找沟通机会

不管你的就业状况如何，你都需要随时进行职业沟通。自认为自己很外向的摩伦会在离自己家不远的咖啡店里主动把自己介绍给陌生人认识，然后同他们保持经常的联系——这些人当中甚至包括他十几岁时打工的那家麦当劳的经理。对此，他解释说："我认为职业沟通是职业发展需要的最简单而又最重要的一项技能。"

不要仅仅依赖业内的一些活动来进行职业沟通。接受采访的专家们都一致认为，参加大型的普通贸易展览、通过在线广告应聘工作、给陌生的公司打电话以及向各家公司的人力资源部投递简历，实际上都是在浪费时间。

专家们认为，应该注意与那些有助于你职业生涯发展的人进行沟通，同他们建立并发展关系。光辉国际的高级合作伙伴亚当·查理森负责为硅谷的软件公司招聘销售和市场营销人员。他说，在大多数时候，如果你能够深入地挖掘一下自己现有的接触面，你就会发觉给陌生的公司打电话实际上是不必要的。"只要用心，你总是可以找到能够把你介绍给你想要认识的人的人选。"

2. 开阔眼界

有时候，你需要走出自己现在的圈子，就像摩伦所做的一样。他走访了30家公司，要求与它们的IT经理面谈，亲自递交自己的简历。他遭到了很多的拒绝，但还是想办法见到了一些重要的人物。这样的经历帮助他建立了很多有价值的职业关系。

像摩伦这样的人在IT领域里并不多见。很少有IT专业人员愿意自己推销自己，如果不是为了完成工作任务的话，他们几乎不会走进陌生的公司，接触完全陌生的人并同他们进行简短的交流。

应该感谢电子邮件，它为我们提供了通过一些简单的接触数据库组织技能来取得进步的机会。例如，通过Microsoft Outlook，摩伦把自己接触过的人归类到了不同的文件夹当中，例如客户、销售商或朋友。下面是他在沟通组织方面的一些秘诀：他创建了一个名为"下一步接触目标"的文件夹，里面包括的是他打算在接下来的一个月里进行联系的人。

他把所有需要回复的重要电子邮件都拖入了名为"立即回复"的文件夹当中。

只要一有空闲时间，他就会发内容相同（简要说明自己想要做什么）的电子邮件，观察每一个收件人的反应，以此来了解他们的性格。

他会经常向自己接触过的人询问他们的最新消息。

他说："每个人都希望别人关注自己的存在"。按照他的观点，那些你经常关注的人更容易接受你的自我推销。

想要保持职场上的人际沟通，建立强大的人际关系网，一个办法就是按照专家建议的那样，在办公室的墙上贴上提醒自己每天都要努力进行职业沟通的内容。

3. 职场必备的品质

不管你通过电子邮件或是电话同他人进行沟通交流的能力有多强，你都必须学会在各种正式和非正式的场合抓住进行职业沟通的机会。摩伦建议说："如果你还不具备这样一种品质，那么一定要赶快培养。要尝试着在不谈技术的情况下与他人进行交谈。"

摩伦认为，要通过培养兴趣爱好或是读与技术不相关的书、做与技术不相关的事来为自己寻找更多的交谈话题。这样在与他人进行交谈时你才能更加积极、更加投入。

至于如何解决害羞的问题，凯伊提供了一个很简单的方法：握手、索要商业卡片、离开。然后，通过电子邮件来向你刚见过的人介绍更多关于你自己的信息，让他了解你的目标。

电信咨询顾问肯·里文宁建议说，如果你能够事先知道将要和谁谈话，那么可以做一些调查研究工作。他自己就经常对将要接触的人进行研究，看看他们的名字是否在某篇杂志文章里出现过、他们是否参加过某些专门的人际交流活动或是他们的个人网站是否介绍了某些详细的兴趣爱好。如果能够了解到他们的性格爱好，里文宁就会发电子邮件给他们，提出他们感兴趣的话题，让他们谈自己的观点。

有的人可能会对此感到不以为然，但里文宁却认为这样做显示的是一种才干。当他同管理人员见面时，他会直接提出这些管理人员平时在工作中所接触的技术或应用的战略来进行讨论。他会给他们分发自己的商业卡片而不是简历，同他们进行双向交流。这会使他们对你产生兴趣。

4. 开拓沟通领域

怎样与人沟通是重要的，与谁沟通也是重要的：不要仅仅把自己接触的圈子局限在IT领域。里文宁本人就会参加当地商会的会议，他甚至建议同在教堂工作的人进行沟通。

摩伦说，要努力去结识自己公司的IT部门之外的人，通过各种方法，不要忘了自己家人的同事可能也会对你有所帮助。最后，还要同以前的同事、下属以及客户保持联系，也不能忽视VC公司，因为这些公司通常都有从事招聘工作的人力资源方面的合作伙伴。

同各家公司的管理人员进行面对面的接触之前，你可能需要先通过电子邮件来同他们进行沟通，需要等上几个月的时间。但是，在有了前面的沟通之后，如果你提出见面的要求，大多数管理人员是能够将喝咖啡的时间挤出五分钟给你的。如果他们对你说自己所在的公司至少在未来的半年之内没有招聘计划，你该怎么办？微笑，告诉他们到时你会再来跟他们谈。

🐺 观眼识人

生活中，有人冷眼旁观，有人望眼欲穿，有人有眼无珠，有人眉开眼笑……由此可见，眼睛无时无刻不在表现着人类的内心情感。

社会生活中，形形色色的人复杂而多变。在交往中，给人以深刻印象的大都是说话时敢于直视的人。你会发现，他们大都自信，且离成功很近。

从一个人的眼睛，可以清清楚楚地分辨一个人的品格高下、心术正邪。沟通时看着别人的眼睛而不是前额或肩膀，表明你很看重他。这样做能使听者深感满意，也能防止他走神，但更重要的是，你树立了自己的可信度。如果谈话时，对方完全不看你，便可视为他对你不感兴趣或无亲近感。

人们常说，眼睛是心灵的窗口，透过一个人的眼睛，可以看出此刻他在想什么。常见有人怀疑对方说谎话时，对他说："看着我的眼睛！"此时若对方没说假话，就会迎着挑衅者的目光看过去，反之就会目光躲闪，或干脆眼观别处，不予回答。因为一个人的眼睛不能掩盖心里的邪恶念头，心胸纯正，眼神就清澈、明亮；心胸不正，眼睛就昏暗、有邪光。每个人都有一颗特殊的"心灵"，打开"心灵之窗"去面对世界，你会觉得这个世界是多么的美好。

古圣人孟子曾经指出，观察一个人的善恶，再没有比观察他的眼睛更好的了。听一人说话时，注意观察他的眼，这个人的善恶能往哪里隐藏呢？

具体来说，观眼识人主要包括下列内容：

1. 眼睛闪闪发光，表明对方精神焕发，是个有精力的人。

2. 目光呆滞黯然，说明这是个没有斗志而索然无味的人。

3. 目光迥然，表明这是个有胆识的正直的人。

4. 主动与人交换视线的人，说明他的心地坦率。

5. 不敢正视或总是回避别人的视线，表明此人言不由衷或有所隐瞒。

6. 目光忽明忽暗，说明他是个工于心计的人，或者他已经对所谈的内容显得不耐烦了。

7. 目光飘忽不定，表示这是个三心二意或拿不定主意抑或紧张不安的人。

8. 在人们发怒或激动的时候，眨眼的频率就会加快。

9. 两眼安详沉稳，是内心沉稳有主见的表现。

10. 眼神清亮如水的清澈明澄，表示此人端庄、豁达、开明。

11. 眼神浊，如污水的浊重、昏沉的状态，表示粗鲁、愚笨、猥琐、鄙陋。

12. 两眼似睡非睡，似醒非醒，这是一种老谋深算的神情。

如果你注意看正在说话的人的眼睛或视线，将会发现很有趣的事情。留意一下初次见面的人在看着我们时的眼神，就能了解到这些人有不同的性格，怀有好意或敌意的，漠不关心的，随着他心理状态的变化，眼睛也会随之变化。

当你看着对方的眼睛时，对方把视线悄悄地往下移，可能是因为他意识到，你在年龄和社会地位上都是他的长辈、上司，或者意识到，你是他的强大对手，与你谈话时，多半会带有一种紧张感。性格内向不善于拒绝的人，倘若视线左右游移，则表明他心中有想拒绝对方之意，且无意识中表现出对对方不怀好意的信息。

了解这些不同的眼神和视线所传达的信息，有助于掌握人际交往的主动权，知道何时该进何时该退，何时该沉默不语，何时能侃侃而谈。对于渴望成功的人而言，这些信息无疑是极为有用的。善良之人，目光温和、平静；邪恶之人，目光狠毒、尖锐；聪明之人目光灵活不乱，愚笨之人目光呆滞；坦诚之人目静如水，狡猾之人，目光闪烁……透过这一扇扇心灵的窗户，我们可以窥探众人的内心。

一个成功的人，大多拥有一双炯炯有神的眼睛，眼神中充满自信的光芒。与人交谈时，自然直视对方，眼神柔和而清晰，给人舒服温暖的感觉。很多人由此获得对方的好感，无形中为自己的人际关系增添了砝码，为自己的成功打下良好的基础。

从今天开始，从现在开始，我们要学会"臭美"，时常地照照镜子检查自己的眼神和微笑吧。感染别人的前提就是感染自己。

沟通是成功的源泉

在没有信任下的沟通，有时候是有用的，担心人却必须完全建立在清楚的沟通之上，包括公司及其他组织都需要通过开放的沟通来解决问题。不开放、不坦诚的沟通，只会使问题更加恶化。狼很少互相攻击，置对方于死地，这其中有一个相当重要的原因，就在于它们彼此之间具备有效且清楚的沟通能力和方法，如果人类像狼一样努力培养并运用有效的交流技能，我们能避免多少暴力、误解和失败？

在团队建设中，有利于沟通的多数则是达到团队默契的重要一环，一个团队如果沟通不好，不仅达不到默契、无法做到协调一致、达不到预期的效益，甚至可能造成负效益的情况。

汤姆第二天就要参加小学毕业典礼了，为了把这一美好时光留在记忆中，他高高兴兴上街买了条裤子，可惜裤子长了两寸。

吃晚饭的时候，趁祖母、妈妈和姐姐都在场，汤姆把新买的裤子长

两寸的问题说了一下，饭桌上大家都没有反应。饭后大家都去忙自己的事情，这件事情没有再被提起。

妈妈睡得比较晚，临睡前想起汤姆明天要穿的裤子还长两寸，于是就悄悄地一个人把裤子剪好叠放回原处。

半夜里，狂风大作，窗户"哐"地把姐姐惊醒。姐姐醒来后，突然想到汤姆新买的裤子长两寸，于是披衣起床将裤子处理好后才安然大睡。

祖母每天早醒给汤姆做早饭上学，也想到汤姆的裤子长两寸，于是趁水未开的时候将汤姆的裤子做了处理。

结果，第二天早晨，汤姆只好穿着短四寸的裤子去参加毕业典礼了。

一个团队仅有少说多做是不够的，要进行充分的沟通，在沟通的基础上明确各自的任务和职责，然后才能分工协作，才能把大家的力量形成合力。否则的话，团员只管低头拉车，各走各的路，永远也不会形成团队合力，也就无所谓效益，甚至有可能形成负效益。

现在，我们谈到团队建设，经常说的是默契，要求团队成员之间的合作要达到默契。其实，默契是一个非常高的标准和要求，需要在有效沟通的基础上，经过长期的磨合才有可能实现。

在公司中，团队精神的基础由许多因素组成，但几乎无一例外，第一项是信任，第二项就是交流。经验告诉我们，有时候没有信任可能也有交流，然而没有表达情绪的交流则不可能有信任。公司中的员工可以通过开诚布公的沟通和交流来解决问题，没有沟通他们就会出现机能障碍。

我们渴望理解，管理者希望员工能够体谅他们的难处，同样，员工希望管理者能够体会他们的苦衷。但这一切在许多公司中并没有被解决，而事实上很好解决，只需要一个有效的沟通途径。

许多管理者以为沟通只要人际交往时不隐瞒、真实地表达本意就行了，其实这是很不够的。确实，不以诚相待就根本谈不上良性沟通，但往往真知灼见合理碰撞时也会不欢而散。因此，沟通不仅需要真实，也需要技巧。所以说，沟通是一门艺术，艺术就需要技巧。现代公司尤其需要沟通，才有驾驭组织和协调的能力，才能团结人、凝聚人。

从目的上讲，沟通时磋商共同的意思，即队员们必须交换和适应相互的思维模式，知道每个人都能对所讨论的意见有一个共同的认识。说简单点，就是让他人懂得自己的本意，自己明白他人的意思。只有达成了共识才可以认为是有效的沟通。团队中，团队成员越多样化，就越会有差异，也就越需要队员进行有效的沟通。

团队没有交流沟通，就不可能达成共识；没有共识，就不可能协调一致，就不可能有默契；没有默契，就不能发挥团队绩效，也就失去了建立团队的基础。

所以，有效沟通是建立高效团队的前提，沟通是一切成功的源泉！

有效沟通

在团队里，要进行有效沟通，必须明确目标。对于团队领导来说，目标管理是进行有效沟通的一种解决办法。在目标管理中，团队领导和团队成员讨论目标、计划、对象、问题和解决方案。由于整个团队都着眼于完成目标，这就使沟通有了一个共同的基础，彼此能够更好地了解对方。即便团队领导不能接受下属成员的建议，他也能理解其观点，下属对上司的要求也会有进一步的了解，沟通的结果自然得以改善。如果绩效评估也采用类似办法的话，同样也能改善沟通。

在团队中，身为领导者，善于利用各种机会进行沟通，甚至创造出更多的沟通图景，与成员充分交流等并不是一件难事，那得是创造一种让团队成员在需要时可以无话不谈的环境。

对于个体成员来说，要进行有效沟通，可以从以下几个方面着手：

一是必须知道说什么，就是要明确沟通的目的。如果目的不明确，就意味着你自己也不知道说什么，自然也不可能让别人明白，自然也就达不到沟通的目的。

二是必须知道什么时候说，就是要掌握好沟通的时间。在沟通对象正大汗淋漓地忙于工作时，你要求他与你商量下次聚会的事情，显然不合时宜。所以，要想很好地达到沟通效果，必须掌握好沟通的时间，把握好沟通的火候。

三是必须知道对谁说，就是要明确沟通的对象。虽然你说得很好，但你选错了对象，自然也达不到沟通的目的。

四是必须知道怎么说，就是要掌握沟通的方法。你知道应该跟谁说、说什么，也知道该什么时候说，但你不知道怎么说，仍然难以达到沟通的效果。沟通时要用对方听得懂的语言——包括文字、语调及肢体语言，而你要学的就是通过对这些沟通语言的观察来有效地使用它们进行沟通。

针对需要的沟通，并不是谄媚的方式就能达到的。要了解对方的需要，必须先学会如何去倾听对方言语中，真正想表达的意思；并掌握时机，给予最理想的反应。良好的互动，才是沟通艺术的真谛。

练习热烈而坚定地握手：这对男性和女性同样适用，主动伸出你的手，同时还需要记住别人的姓名。别人自我介绍时，留神倾听，然后立即重述他的姓名，对方会感激你愿意知道他的确实姓名。

你在说话时，目光要与对方接触，当别人在说话时，你也直视他的眼睛。抱着我要让对方高兴，他才与我交往的态度；赞美对方，提出他感兴趣的问题，帮助他放宽心情，侃侃而谈，他会高兴与你交往。

让对方觉得自己地位重要，全神注意对方的兴趣，对方会认为你是善解人意，关心别人的同伴。开会或赴约要收拾，如果因不可抗拒、无法预知的因素迟到，应先打电话告诉对方，坦诚说明延误的原因，以及何时可以赶到。

设身处地为他人着想：学着感觉并接受别人的需要和彼此的奇异之处，也尝试由别人眼中看自己。若能看到别人眼中的自己，你在沟通方面会容易得手。

在团队沟通中，言谈是最直接、最重要和最常见的一种途径，有效的言谈沟通很大程度上取决于倾听。作为团体，成员的倾听能力是保持团队有效沟通的旺盛生命力的必要条件，作为个体，要想在团队中获得成功，倾听是基本要求。在对全美500家最大公司进行的一项调查发明，做出反应的公司中超过50%的公司为它们的员工提供听力培训。

🦅 有沟通才有理解

沟通带来理解，理解带来合作。如果不能很好地沟通，就无法理解对方的意图，而不理解对方的意图，就不可能进行有效的合作。这对于管理者来说，尤其重要。一个沟通良好的公司可以使所有的员工真实地感受到沟通的快乐和绩效。加强公司内部的沟通，既可以使管理层工作更加轻松，也可以使普通员工大幅度提高工作绩效，同时还可以增强公司的凝聚力和竞争力。

对于公司来说，有效的沟通能把内部的矛盾化解为零，把上下、左右的关系调整到最佳状态。其实，沟通不仅是管理者最应具备的技巧，也是公司最需具备的基本体质。只有无阻力的沟通，才有公司无阻力的未来。

一般来说，管理者要考虑的事情很多、很杂，许多时间并不能为自己完全掌控，因此经常会忽视与部属的沟通。更重要的是，管理者在下达命令让员工去执行后，自己并没有亲自参与到具体工作中去，因此没有切实考虑到员工所会遇到的具体问题，总认为不会出现什么差错，导致缺少主动与员工沟通的精神。所以，员工尤其应该注重与主管领导的沟通。作为员工应该有主动与领导沟通的精神，这样可以弥补主管因为工作繁忙和没有具体参与执行工作而忽视的沟通。

高效沟通是优秀的管理者必备的技能之一。管理者一方面要善于向更上一级沟通，另一方面管理者还必须重视与部属沟通。许多管理者喜欢高高在上，缺乏主动与部属沟通的意识，凡事喜欢下命令，忽视沟通管理。对于管理者来说，挑毛病尽管在人力资源管理中有着独特的作用，但是必须讲求方式方法，切不可走极端。挑毛病必须实事求是，在责备的同时要告知员工改进的方法及奋斗的目标，既让员工愉快地接受，又不致挫伤员工积极进取的锐气。

沟通是双方的事情，如果任何一方积极主动，而另一方消极应对，那么沟通也是不会成功的。

所以，加强公司内部的沟通管理，一定不要忽视沟通的双向性。作为管理者，应该要有主动与部属沟通的胸怀，作为部属也应该积极与管理者沟通，说出自己心中的想法。只有大家都真诚地沟通，上方密切配合，那么我们的公司才可能发展得更好更快。沟通是每个人都要面临的问题，也要被当作每个人都应该学习的课程，应该把提高自己的沟通技能提高到战略高度——从团队写作的角度来对待沟通。唯有如此，才能真正打造一个沟通良好、理解互信、高效运作的团队。

公司内部顺畅的协调沟通是一个公司能够顺利发展壮大的必要条

件。沟通方式的畅通、沟通内容的综合利用都能为公司管理创造更和谐的环境，转化为推进公司管理的资源。

通过和加盟商的沟通，我们可以获得最为准确的市场反馈，可以把握住最准确的市场动态。当一条畅顺的沟通渠道建立之时，准确的市场信息反馈也就不难获得了，同时也减少了很多潜在矛盾的萌芽。

🐺 有效沟通才能达成共识

对于公司，有效的沟通，能把内部的矛盾化解为零，把上下左右的关系调整到最佳状态。经验告诉我们，有时候没有信任可能也有交流，然而没有表达清楚的交流则不可能有信任。公司和其他组织、团体可以通过开诚布公的沟通和交流来解决问题，没有沟通他们就会出现技能障碍。

用丰富语言沟通的人类，要比狼群的沟通方式多得多，然而正因为语言如此丰富，人与人之间反而无法像狼群般真诚相待。其实要想与别人真诚地沟通，就必须先给别人留一个好印象。

为说明这一点，你可以试试，设想一个使你感到特别不舒服的人。这个人看来真是不理解你或跟你谈不到一起，你肯定会感到难以与这个人合拍。

上帝给了我们两只耳朵一张嘴，就是要我们多听少说。交流中最大的问题，就是错误地认为交流已经完成了。绝大多数的公司管理人员都说，与员工经常沟通能改善员工对工作的满意度并增加收益。

然而，这些人当中只有不到四分之一的人说自己的确进行了这样的沟通，你也是这样言行不一致吗？其实，行之有效的交流是一门艺术，我们每个人都能培养和改善交流。你是鼓励人们就你的交流技巧向你做坦诚的反馈呢，还是想当然地认为自己的交流技巧很不错？

在我们人类的沟通中，更多时候还要注意自己和他人的身体语言，捕捉对方身体语言中的信息，注意自身身体语言与口头表达的一致。如果二者矛盾，就会产生尴尬的局面。

在沟通过程中，真诚聆听是准确接收和理解信息发送者意图的关键步骤。每个人的表达方式和沟通内容，受其文化背景、知识结构、能力、经验等因素影响，尤其当沟通对方来自不同文化背景，采用的语言又不是统一的时候，更容易出现误解，所以，只有清楚地掌握对方的真实意图，方能采取有效的和积极的反应，否则将不可避免地出现错误。

现代公司都非常注重沟通，即重视外部的沟通，更重视与内部员工的沟通。有了沟通才有凝聚力。公司于员工的立场难免有不能共通之处，只有善用沟通的力量，及时调整双方利益，才能够使双方更好地发展，互相推动。有许多公司，沟通只是单向的，即只是上级向下级传达命令，员工只是象征性地反馈意见，这样的沟通不仅无助于决策层的监督与管理，时间一长，必然挫伤员工的积极性及归属感。所以，单向的沟通必须变为双向的沟通。

高质量的沟通应建立在平等的根基之上，如果沟通者之间无法做到等距离，尤其是主管层对下属员工不保持一视同仁的态度，其间所进行的沟通一定会产生相当多的副作用；获得上司宠爱者自是心花怒放、怨言减少，但与此同时，其他的员工便会产生对抗、猜疑和放弃沟通的消极情绪，沟通工作就会遭遇很大抵抗力。

保持同等的工作距离，不要和你的直接上司、下属产生私人感情，将是沟通平等化、公开化的重要所在。作为公司管理者要善于沟通，要平等地沟通。

第五章

团队需要有效指导

　　要想成为一个卓越的团队组织，就必须在团队精神建设方面有好的建树，必须把团队精神的教育与良好人际关系的建立紧密结合起来。拥有团队精神的团队，会使每一个团队成员都心情舒畅、干劲十足、协作性强，并能够创造出骄人的业绩。

为什么要对团队进行指导

社会学实验表明，两个人以团队的方式相互协作、优势互补，其工作绩效明显大于两个人单干时绩效的总和。

然而，团队蛮干或失败原因的著述也有不少，并且矛头大多指向管理层。

其中，许多评判恰如其分。缺乏长远眼光、没有投入足够的时间和财力、培训草草收场和给予的指导太少等都是团队归于失败的通病，都是经理人只想结果而不愿变革造成的恶果。

反观团队本身呢？管理层要躬身自省，团队也要对自身的问题和缺点负责。在许多因实施正规的团队构建而面对挑战的企业里，这句话已经成为不时听到的话语了。它代表着各行各业的许多企业，虽然其中的企业意识和情形表现各异，却因为所产生的问题呈特定的模式而面临着相似的困境。

　　事实上，当企业没有充分考虑整体意识而实施团队构想时，企业就会陷入一种进退两难的窘境。接着我们就会针对在团队实施过程中常见窘境的表现形式进行讲解。

🐺 团队应该互相鼓励

　　现代管理中越来越注重团队这一概念，管理专家建议重新构建组织，以便利于团队工作，领导者也向组织阐述团队工作方法的好处和重要性。20世纪80年代和90年代，经营管理方面的流行术语是组织文化（Organizational culture），现在团队工作（teamworking）则成了管理界推崇的理念，有趋势表明，过去统治整个世界几百年的科层制将逐渐消失，代之而行的是以团队为基础的工作模式。

　　尽管我们如此强调，但我们还是要知道等级形式的症状来自于企业内部的多个层面。例如，高层管理者的观点总表现出相异于中层管理者或团队领导，以及企业员工或团队成员的观点。然而，在每一个等级之中，发生的情形又常是相似的。

　　高层管理者：在高层管理者当中，尤其是那些发动人们进行正规团队结构改建的管理者，他们寄希望于生产力、创造力、应变灵活度、成本节约等方面情况的变化，认为团队精神会提高效能，会促进士气的增长。然而，在实施团队计划之后，他们中的许多人可能会感到这种组织形式并没有使他们的希望兑现。一些高层管理人员尚不能完全明白问题的症状——客户的埋怨、预算超支或逾期交货——然而他们感觉到了有什么地方不对劲。令人难以置信的是，许多高层管理人员并不明白问题就出在团队构建和团队合作的本身。他们经常出于自身的利益或者是害怕受到直接向他们汇报工作的人报复，而置身事外或不闻不问。

处于其他一种情形之中的高层管理者发现，自己穷于应付向自己直接进行工作汇报的下级人员之间的不和与纷争，这一情形可能是一些想要保留局部利益的人所造成的。由于他们无法获得对他们有利的解决办法，于是争权夺利或鼓动说服上司支持他们。可想而知，这种行为会不会满意地体现团队的效用呢？

悲哀的是，在许多情形中，高层管理者对为何要实施以及如何实施正规团队构思认识不一。他们依然我行我素，对他们分管的部门所下达的指示完全出自个人的意愿，他们的决策通常反映的只是他们自身，一个仅能注目于组织个别局部的狭窄视野，他肯定无法代表或反映整个组织。

中层管理者：在中层管理者努力实施团队构建工程时，有自己的一些观点。新型的组织结构，比如像矩阵组织或团队结构，使他们感到丧失了控制他人的能力。他们主要表现出的忧虑是："假如我对他们不具任何权威，我怎么来管理这些人呢？""假如我不能对他们的工作表现进行直接的监控，我怎么能使他们各就各位地把工作做好呢？""这种要使全体人员一致同意的决策过程得花很长时间，这样做值得吗？"

那些以往表现出色的中层管理者对于贯彻他提出的要求感到没有信心，有时会对企业进行变革的必要性提出疑问。他们不明白在新的团队环境中进行不同管理的真正含义，他们如何能在心理毫无准备的情况下来改变工作方法呢？他们现在的工作与过去的工作有何不同？他们需要明白的新情况和掌握的新技能是什么？为什么就应该是他们最先发生变化而其他的人——甚至他们的上司——都无须做此努力呢？这些问题，假定不加以回答的话，就会使中层管理者的处事方法依然如故。

团队成员：在团队成员和企业中其他人感觉到自己也处于一种相似进退两难的境地。他们当然对他们所说的"团队这种东西"表现出怀疑。具有典型意义的是许多成员并不确切地知道这一新的动作方法中企业对他们所寄予的期望有多大。这对一些团队成员来说令他们丧气，而对另一些团队成员来说则令他们感到高兴。对许多人来说，由于他们不知道在情况各异的团队条件下，人们对他们的行为要求也是各异的，这就使他们在试图"干好工作"时感到了无形的压力，同时又浪费了精力。然而这又使他们有正当理由回答："没有人告诉我你要我做这事。"不管他们是处于这两种情形的哪一种之中，员工们都没有请求领导明确任务要求。一些人继续沿用老一套的方法等上级告诉他们；还有一些人认为他们明白领导的意图；再有一些人希望永远不要有人向他们明确任务要求。这就又形成了一种情境，在那里，各种新的行为是根据人们各自的猜测与喜好而定的。

如果想使团队合作产生良好的反应，团队成员就要共同规划、遵循和执行自己团队的制度。只有这样，当我们面对任何变化时，企业员工才能有更好的约束力，这样才能使团队合作所表现出的一些怨恨与不满得到平衡。鉴于当今企业被迫采取的转变形式的数目与种类之多，而这些转变又不可避免地形成了对团队合作的反应，员工们的否定态度也就不足为怪了。

另外，某些员工为了致力保住他们的工作而走到了另一个极端，尽力发出自己的光芒，以扩大自身的利益，而不管这样做对他人有何影响。他们的自私和自我成功的追求对于团队的损害都是巨大的。

所以说，我们一定要让团队成员明白合作的意义。换句话说，他们需要自如地交流观点，学会做选择，讨论可行的方法，并表达他们的真实想法而不会有人威胁或嘲讽。团队需要这样的合作理念，通过公开讨论推广并使之成熟起来。团队成员应该相互鼓励，让每个人都有机会向团队贡献一分力量。

让团队知道计划

在大多数企业组织中，建立团队和培训员工是管理层的一件大事。但对员工个人来说，这更是件了不起的大事。他们大多数都从未受到过上司的如此关注，感到自己更重要、更受重视了。

当然这也会导致产生不现实的期望，反过来又会带来沮丧感。美丽的泡影破灭时，新团队会认定他们被管理层误导了，就会一心想做出格的事（如自行制订生产定额），全然不顾自己该解决的问题（如确保每个员工无须主管监督准时上班）。因此必须时时提醒这些团队，他们的主要职责是将工作干好，而不是去关心公司的产品价格等问题。在这样的情况下，我建议那些有此行为的人士不要过分渲染团队概念，而应该让大家首先了解工作内容，告诉团队最初应去解决自己"影响力范围"内的问题，即围绕他们直接投入和产出的环境。团队开始探听他们职责范围外的事情时，团队成员的投入就没什么用，因为他们对流程知之甚

少。

内容不明确、自相矛盾的指示是团队结构实施问题中的主要问题。一些高层管理者们总会指责为"言行不一"。他们会说："好啊，团队！"并在口头上支持这一形式，然而也就仅此而已。他们似乎不会身体力行地致力于他们在彼此间或面对企业员工时所拥护的团队合作，而往往在行动上依然我行我素。许多高层领导者经常对企业内部未经解决的冲突不加理会，而外人却能注意到这一冲突，并且感觉到对企业带来的不利影响。企业领导者对团队结构支持不够还表现在他们对直接进行工作汇报的人们的交往态度中。

通常，许多部门被改组成了团队，可依然如同一个等级机构。团队已经形成，而团队的领导者，他可能是也可能不是一个以往体制中的领导人，却承袭了他或她非常熟悉的独裁领导者的方式。尽管这位团队领导者过去可能反对这种领导作风，然而这却是他或她最熟悉的方式。与此相对的另一个极端是团队领导者躲避指导与管理的职责，不愿意指挥他人，为的是不要"强制"团队成员。他们宁愿承担由此产生的后果也不愿意让人感到"官气十足"。这些态度都不利于最佳团队配合的实现。

企业团队实施中自相矛盾的意义是有关报酬和企业对团队及协调配合的认同。当报酬并非与团队成员所要求的行为同步时，一些常出现的想法是："还提什么团队或团队配合的成功呢？我们作为个人不是依然获得报酬了吗？很明显，这并非如他们所说的那么重要。""只有我们几个在卖力地干，其他人都在混日子而已，而没有人对此注意或在意，

也没有人来解决这种问题。"可能企业内部并不具备任何有效的手段来强调团队配合，对团队的成功不予奖励，没有一项工作检查能反映出对团队及对团队配合的期望，在工资、奖金或激励手段方面也没有一项有利于团队工作的调节措施。当团队成员的工作与他们的要求差距甚大或毫无起色时，可能没有强制的惩罚手段或激励手段。不具备任何指导准则或不具备阻止消极行为的控制手段，构建的团队就会受损。同样，不承认或不以报酬的形式来奖励工作积极的模范，构建的团队也会受损。

所以说，要想让团队最终成为一个自我管理的单元，就要制订计划，就要告诉团队完成这个计划的时间范围，就要告诉团队如何达到这个目标。让他们知道一旦有新想法被摆上桌面，团队成员就必须知道如何去对新想法做出决策。在这样一个团队中，最好的决策就是团队共识。这就是说，团队成员要坚持讨论所有的问题，并在讨论的基础上达成共识，然后采取最符合当时情况的行动。并直截了当地告诉团队，工作仍是工作，不是一个职位或流程。团队成功最关键的标准是完成工作的能力。

🦟 提升团队的个人技能

团队工作中非常重要的是让团队成员都用心理解团队理念。每个成员是否接收到和领会了信息，团队是否顺利前进和是否用心管理团队运作是成功与否的关键因素。

但有一点我们需要记住，有很多技能是可以增强团队效力的。团队可以学习这些技能，并获得提高。这就是我们将要向你阐述的。由于团队成员通常对彼此的背景和技能缺乏大体上的了解，他们也不明白除了传统作用外，他们为使团队达到目标还能出上什么力，团队成员的才能自然就未被充分运用。这可能会形成一种冷漠或烦恼的氛围。经常，团队成员对此做出的反应是说："那是很典型的，让他们自己顾自己吧！"并且他们再也不愿提供有价值的信息或经验。

如前所述，倾向传统的领导方式和传统企业员工工作态度的观点盛行。两者都影响到团队行使职能的方式。一些团队的成员期望和喜爱传

统的独断独行的领导作风，而其他的成员们则憎恨传统的独断独行的领导作风并与之作对。许多团队成员在"干他们自己的事"，在自己的地盘中为完成自己的分内活儿而工作，只是偶尔地核对一下工作进度或召集一次会议。很多人依然感到团队会议是浪费时间，而最好还是各自干活，认为交流只要通过电子邮件或备忘录就行。

一些人可能并没有认真干活，而其他一些人可能过于努力，干得太多。一些团队成员时常对他们的工作不负责任，没对团队做出贡献。大部分人紧紧抓住这一观念不放。传统的企业员工和管理人员对个人贡献的思维定式妨碍了团队获得成功所需的共同责任感和自律意识。责任心成为一个严重的问题。

解决冲突，控制相异之处而取得一致是大部分团队面临的主要挑战。它们反映了以往的组织规范和认同的行为同新的组织规范的较量，而这种新的组织规范是团队组织获得最佳运行效果所必不可少的。团队成员应该将冲突当作一个发掘差异、从不同角度思考问题的机会，而不是将意见分歧扩大为争执。在团队里，没有人会在争论中获胜。

🐉 团队结构实施过程中的谬误

团队结构实施过程中的谬误依然流行，很有市场，它们通常会构成阻碍企业成功实施团队结构的障碍。

有关团队协作的谬误：这是与团队协作有关的最为盛行的谬误。人们真的相信团队协作会自然而然地形成。毕竟，人们过去都在团队干过，因而团队协作能轻易形成并非是什么大不了的事情！与此谬误相伴而来的一些假聪明的人或有些持有高等学位证书的人自作聪明地认为他们应该能领悟到这一点！

如果团队间的协作没有很快发生的话，谬误会随着时间到来："如果我们继续对此努力，坚持下去，毫不松懈，这肯定会奏效。"假定这还是没有效果的话，那么有关人际矛盾冲突是团队协作的最大障碍的错误观点就会抬头。换句话说："作为团队领导者，他存在的唯一理由就是保持团队的合作；作为团队成员，他们是团队合作的参与者和保

持者，如果我们能够做到这一点，那么，我们肯定会是一个高效率的团队！"然后还会有出去娱乐旅游一下的错误想法："让我们过得开心些，攀登一些山峰，那样的话，我们回来时就会是一个高效的团队了。"

好了，请不要误导我们。在这些错误观点中有一些合理的成分，然而没有一种观点能保证高效团队的形成。例如，时间确实会帮助一个团队产生凝聚力，并使团队成员彼此了解，笑声和欢乐会导致和睦。人际冲突确实会冲垮一个团队。聪明人能聪明地理解团队的概念。然而，一个高效团队的运行机制需要新的各种各样的技巧和技术，需要与新的组织规范相配套的工作方法。这些谬误淡化了人们对真正问题的关注。

有关变化的谬误：这是另一种错误思潮，这种有关变化的谬误是与许多管理人员的观念有关的。他们认为，如果他们拥护团队协作，团队协作就会发生。或者是管理人员认为如果他们讲到这一点，并做到这一点，那么其他人当然会明白其中的含义并跟着做的。

事实上，我们上面所谈到的团队结构实施过程中的谬误均是受团队成员之间的协作所影响的。毕竟团队协作是团队精神的源泉，没有良好的团结协作意识，团队就很难营造核心竞争力和长期竞争优势。如果每一个成员都各自为政，自己干自己的事情，不关心其他成员的工作，也不配合其他同事的工作，成员之间必定相互推诿，并导致工作效率低下；如果没有强大的鼓励协作的企业精神做后盾，部门之间壁垒森严，部门保护主义盛行，团队工作就无法开展。

🐝 实施团队的典型策略

塑造团队精神很重要的一个方面就是要通过沟通交流让成员自己承担责任。一个团队能否认同对员工的授权，这将在很大程度上决定团队事业的成败。如果团队愿意给予成员相当程度的工作自由度，允许他们运用自己的方法和策略进行工作，而不过多地加以干涉，那么团队解决问题的能力就会越来越强。如果组织高层对团队事无巨细都要过问，那团队的创造机制就让高层抹杀了。从这个意义上讲，只有自由的团队才会是成功的团队。但是，值得强调的是，自由的团队并不是无组织、无纪律的团队，而是受团队制度约束的。

我们知道，团队常常会犯的一个严重错误，就是在第一次团队会议上就立即开始工作。这听起来有些奇怪吧？团队难道不应当做它要做的事情，以此来达到团队的目标吗？应当。然而，对团队而言，最明智的做法是先花时间制定团队制度。特别是在团队生活的开始阶段，团队需

要时间来搞清楚如何共同工作。

另一个常用的策略就是要让团队成员明白，学习与否的选择权掌握在你自己手中，如果你选择学习，那么就要从今天开始，从这一秒钟开始。不要说不知道自己该学什么，值得你学习的东西很多，专业知识、公司理念、处事方法等等；也不要说你不知道自己该去哪里学习，学习途径也有很多，网络、图书、培训中心、学校，甚至就是你周围的每一个人、每一件事。学习是你的权利，学习也是你获得成长的重要途径，如果你轻易地主动放弃这一权利，那么你也将失去成长的机会。

还有一个重要的策略就是加强对组织成员的培训。通常来说，通过团队培训，可以增加团队成员的收入和发展机会。团队成员的收入与个人技能成正比，无论是通过公共教育系统获得知识，还是通过雇主提供的培训来获得技能，那些拥有高新技能的员工通常都能获得相对较高的收入，职位的晋升也相对比较容易。因此，培训和发展对个人的职业发展机会非常重要。通过团队培训，可以促使团队成员接受变革。任何团队都不可避免地会受到竞争对手以及团队内部的压力，在巨大的压力面前，团队一般都会发生不同程度的变化，而且这种变化是经常性的；通过团队培训，可以帮助团队成员认同团队文化，这也是我们提出的一个核心问题。它意味着企业着手改变的团队氛围可能与现存的政策与实施方法不相一致。它还意味着要正视可能不利于实现团队目标的员工们的"生存心态"。

其他一些被企业采用的方法都偏重于为团队协作创造机会。他们的做法是通过团队协作模式对个人素质有较高的要求，成员除了应具备优

秀的专业知识以外，还应该有优秀的团队合作能力，这种合作能力，有时甚至比团队成员的专业知识更加重要。

最常用的方法一直是对团队管理者和员工们进行有关团队合作的培训。其中最为通常和最为严重的缺憾，则一直是没能对企业文化进行关注，没有一个为正规团队观念的形成而制订的改变企业文化的计划。一种好的企业文化并不鼓励团队成员想干什么就干什么，或者是什么都不干，而是结合一定的激励措施，让团队成员能够自觉、主动、积极地去承担团队的责任。在不影响组织整体利益和其他利益的前提下，团队成员可以选择自己的方法和手段，相对自由地开展自己的工作。

把集体利益放在第一位

前面我们已经讲到过一个合作的、目标专一的、执着进取的团队不管遇到多大的困难，也一定会取得进步。我们同时也强调，团队精神形成于三个相互联系的因素：共同的目标、互补的技巧和能力以及共同的责任。

共同的目标会产生动力和活力。一个渴望实现共同目标的团队就是一个充满活力的团队。共同的目标可以把个人的意愿凝聚成团队的意愿。

互补的技巧和能力使企业团队充满和谐，他们都会在不同的工作岗位上感受着不同智力、体力、经验和动力的结合，这种难以描述的完美结合创造了成功。强调这种结合，并激励构成这种组合的团队，往往会创造惊人的绩效。

共同的责任来源于互补的技巧和能力。在一个团队组织中，只要明

白责任心就是责任感，就是敬业态度，那么，这个团队就为队员创造了一种团结一致、积极向上的氛围。

两年前，我曾经用心地去读一本名字叫《致加西亚的信》的书，读完之后，这本书给我的最大震撼就是主人公罗文那种完成工作的责任心。他在接到麦柯金总统的信时，并没有问加西亚在哪儿，怎么去找他，他要做的就是一件事，如何把任务完成。有人说，人生最大的财富有两个，一个是责任感，另一个就是忠诚和敬业。他们认为一个团队的成功要靠团队成员的团结一致。鼓励公司中的所有成员在追求共同目标的道路上相互支持、互相帮助，这会进一步加强团队的凝聚力。

所以说，作为管理人士，我们每个人时时刻刻处在各种团队中，而实践证明团队有着巨大的潜力。越来越多的组织已经发现，相比其他工作方式，以团队为基础的工作模式可以取得更大的成绩。在企业部门实行团队管理后，生产水平提高，利润增加，公司销售额猛增并推进了经营战略；在公共部门实行团队管理后，任务完成得更彻底和更有效率，对顾客的服务质量也有大幅度的提高。有报告表明，无论是企业还是公共部门，团队工作提高了员工的道德水平。在一个优秀的团队中，其成员会把集体的利益放在第一位，把个人的成功升华为团队成功的一部分。

🐺 团队被应用的理由

当团队成员的能力都得到充分发挥时，这个团队才会更好地合作。因此要调整自己的培训方法，使其更适合团队成员的特点。

首先让我们来看看团队业绩不错的几个原因，这是团队为什么在组织中被广泛应用的理由。

第一，团队能把互补的技能和经验带到一起，这些技能和经验超过了团队中任何个人的技能和经验，使得团队能够在更大范围内应付多方面的挑战。

第二，和个人相比，团队能够获得更多、更有效的信息。目前环境变化得越来越快，需要组织掌握更多有效的信息以做出决策。在团队形成自身目标的过程中，团队的运作方式能建立起解决问题和提出倡议的交流方式。团队对待变化中的事物和需求是灵活而敏感的。因此，团队能用比个人更为快速、准确和有效的方法扩大大型组织的联系网，根据

新的信息和挑战调整自己的方法。随着市场变化的加剧和产品的不确定性，这种交流的重要性越来越在组织中体现，使得团队开发成为必要和可能。

第三，团队方式为管理工作的提高和业绩的取得提供了新的途径。团队绩效的差别源于团队成员承担团队工作责任的程度。高绩效团队中的每个成员都是精于团队合作的。还有就是团队成员必须要对冲突泰然处之。你要意识到，即使团队工作进行得很顺利，冲突也是会议讨论的一部分。聪明的做法是将冲突看作讨论桌上孕育的各种不同见解的副产品，而愚蠢的做法则是带着强烈情绪去对待冲突。如果你的团队变得更加有效率，那么请宣布这个改变，指出这个改变将如何对团队产生积极作用，并鼓励团队成员继续努力，这就是使团队成员克服障碍、取得业绩的原因。换句话说就是工作的意义和努力使团队深化，直至团队的业绩最终成为对团队自身的奖励。

第四，团队中的工作能具有更大的乐趣，而这种乐趣往往与团队业绩是一致的。我们遇到的团队中的人员无一例外，也不用提醒就会强调他们在一起工作的高兴事。当然，这种高兴事包括聚会、新闻发布会和庆祝活动。当然，任何聚成群体的人们都会搞个好聚会。而团队的高兴事与那种聚会的区别就在于它支持了团队的业绩，也因团队的业绩而得以延续。例如，我们常常看到在那些有最佳业绩表现的优秀团队中，存在着高度发展的工作幽默感，因为幽默感能帮助人们对付最佳业绩表现中的压力和紧张。我们也总能听到这样的说法，最大的也是最让人感到满意的事情，就是"成为比我个人更重要的某种事物的一部分"。

第五，在团队的情况下，人们对变化的出现也较有准备。首先，团队中的人们都要对集体负责，变化对团队的威胁并不像个人对付变化时那么大。其次，团队中的人们有灵活性，他们有扩大解决问题范围的意愿，团队为人们提供了比那些工作面窄又受层级制限制的小组大得多的增长和变化余地。最后，团队也重视业绩、团队成果、挑战和奖励等因素，并且支持试图改变用以往的做事方法做事的那些人。

结果，在各种组织日益频繁遇到的广泛变化中，团队有助于使自上而下的领导方法集中于企业的核心竞争力方面，使团队成员意识到企业的发展方向是什么，从而建立和维护一个完整的团队，在这种情况下，一旦团队开始工作，就能够将一种处于萌芽状态的理想和价值观转变为一致行为，因为团队依赖于人们的共同工作。团队也是在整个组织内培养共同目标最为实用的方法。团队能使各级管理人员负起责任，而不是削弱他们的作用，能使他们在跨组织内的各个领域中推动事物的发展，并带来多方面的能力以承担各种难题。

事实上，我们听说过的大多数"未来的组织"模式，如"网络化组织""集群组织""非层级化组织""横向组织"等等，都是以超越个人的团队作为公司的主要业绩单位为前提的。根据这一先决条件，在管理人员寻求以更快更好的办法向客户或者竞争性的挑战分配资源时，主要的基本板块应该是团队，而不是个人。这并不是说个人业绩或个人责任就不重要了，相反，对管理人员越来越大的挑战反而是要摆正个人与团队的关系，不要偏向一方而排斥另一方。此外，个人的作用和业绩也会成为团队要更多开发利用的方面，而不是各级管理人员要开发利用的

方面。也就是说，在许多作为例子的团队中，是团队而不是管理人员在考虑那些团队中的个人应该做些什么，他们会干得如何。

成员接受团队的原因

你是否有过身在某个团队却期望不属于这个团队的时候？每个团队成员都有过这样的念头。当团队成员感觉他们在浪费时间时，如果能躲开，他们就不会再参与了。最不幸的是，虽然我们已经看到，团队的应用在组织中获得了极大的成功，大多数人都能同意这一点，然而，当他们自己遇到运用团队方法的问题时，却大都不愿依靠团队。尽管我们周围满是证据，能证明团队在管理行为变化中最佳业绩表现上的重要性，但许多人在自己遇到业绩挑战时，还是要贬低、忘却并公开怀疑对团队的选择。我们不能完全解释这种抵制，我们也不要说这种抵制是"好"还是"坏"。但是，这种抵制的力量是强大的，因为它以根深蒂固的个人主义价值观为基础，这些价值观不可能被完全消除。

人们不愿接受团队的三大原因是：对团队能比其他组织形式工作得更好缺乏信心；个人的作风、能力和好恶会使团队不稳定或不适应；薄

弱的组织业绩理念破坏了团队生存的环境。

1. 缺乏信心

我们都知道公司里绝大部分的员工都不快乐。为什么会这样呢？其实这种群体情绪是在员工中慢慢扩散而成的。身为领导者必须与之抗争，经常以积极的感觉和态度取代那些负面的感觉。

一句令我受益较深的话是："好人从不赶尽杀绝。"我觉得这么说实在是太可贵了。这句话千真万确，那些为求成功不择手段、放弃良知的人，我为他们深感遗憾。就算那些手段能带来成功，通常也是短暂而无法持久的。最后带来的只有失败，因为你在扶摇直上时，树立了太多的敌人。这样你是不可能觉得开心的。有些人并不相信团队真的能比个人干得好，除非是在不寻常或是不可预料的环境中。有些人认为团队带来的麻烦比带来的价值要大，认为团队成员在劳而无功的会议和讨论中浪费时间，而且实际产生的牢骚比建设性的意见多。还有些人认为，要论人际关系，团队大概是有用的；但是要论工作、生产成果和决定行动，团队就是个麻烦了。也有人认为，把协同工作和授权的概念广泛应用于一个组织时，就会取代对具体小组人员业绩的担心，或是取代对他们进行约束的必要。

从这一点来看，大多数人对团队都有许多共同的良好感觉，却没能严格地运用团队。譬如说，人们都知道，没有共同目标团队就极少能够发挥作用。然而，还是有太多的团队轻易地接受既非严格的、精确的、现实的，也非大家真正公认的目标。况且从另一方面看，"团队"这个词在工作中用得并不十分准确，大部分人仍然不理解是什么原因构成了

真正的团队。一支团队并不只是在一起工作的一组人员、委员会、理事会和工作组也未必就是团队，不能因为人们把某一组人员称为团队我们就说它真的是团队。任何大型复杂组织中的工作人员从来就不是团队，整个组织可以相互协同工作，可以按这种方式开展工作——但是协同工作和团队还不是一回事。

大多数高级管理人员都公开表示赞成协同工作，而且他们也应该如此。协同工作代表了一整套工作方法，包括鼓励倾听他人意见并对他人的观点做积极反应、让他人得到提出问题的好处、给需要支持的人支持以及承认他人利益和成就等等。一旦实施了这些做法，这些价值观就会帮助我们增进相互之间的沟通，也使工作更富有成效，因此，这些价值观也是正确和宝贵的。显然，协同工作的价值观有助于团队的表现。团队也能促进我们作为个人的业绩和作为整个组织的业绩。换言之，协同工作的价值观，就其自身而言，并不排斥团队，但并不能保证团队的业绩。

团队是业绩的执行单位，不是一套价值观，团队是不同于个人或整个组织的业绩单位。一个团队是少数有互补技能、为了共同目的和具体业绩目标共同工作的人（通常不到20人）。团队的成员都必须愿意为了实现团队的目的而一起工作，并且愿意为了团队的成果而相互协同工作、相互支持。如果只有协同工作的话，还不能构成团队，所以当高级管理人员称整个组织是一支"团队"时，他们实际上是在提倡协同工作的价值观。这里非常值得注意的是，这种概念的混淆会引起混乱，导致一事无成。那些把团队说成主要是为了使人们感觉良好或相处得不错的

人，不只是把协同工作与团队混淆起来，而且也忽视了真正的团队与非团队的那个最根本的特点——目标致力于业绩。

团队因业绩上的挑战而繁荣兴盛，没有挑战便寸步难行。没有根据业绩来衡量的目的，团队就不能长期存在，不能培育和说明该团队继续存在的合理性。正如许多公司在实验了"质量圈"之后留下许多不愉快的感觉一样，为了成立团队而建立的很多群体，在工作培训、沟通交流、组织效率，乃至优越性方面都极少能成为真正的团队。尽管质量代表了一种令人羡慕的目标，但是"质量圈"却常常难以把具体的可以实现的业绩目标、圈内人士的集体努力联系起来。

我们猜想，忽视业绩的问题在很大程度上也解释了表面化团队的失败，并进一步导致了人们对团队信心的缺乏。例如，彼得·德鲁克就曾经引用通用汽车公司、宝洁公司、施乐公司及其他公司的一些困难，甚至批评过"建立团队"的努力。毫无疑问，团队和团队的努力有时候会失败。但是，这种失败常常是因为没有坚持那些可以让团队成功的约束原则。换句话说，这种失败大致可以用思想不明确和做法不合理来解释，而不能证明团队是一个无法取得优异业绩的单位。然而，不管有什么原因，这种令人失望的被称为团队群体中的个人经历，会削弱人们对团队的信心。我们中的许多人都曾注意到，高级管理人员曾经有建立团队的良好意图，但由于一些原因遭到失败并受到冷嘲热讽，这些人和组织中的其他人可能会对团队渐渐变得悲观和小心谨慎，甚至产生了敌意。

2. 个人不适以及风险

许多人担心或讨厌在团队中工作，有些人是独行者——在只剩他们自己时才工作得最好，这些人是科学研究人员、大学教授或专业咨询人员。但是在企业中，大多数不适应团队的人是因为他们发现团队方法太费时间、太不稳定或者风险太大。

有人这样评论说："我不愿意和那些我并不怎么熟悉的人或者我不认识、也不知道是不是会喜欢的一帮人一起开会和相处，一个人工作已经不容易了，何况是大家一起掺和，我可没工夫干这种事。"从这种观点来看，团队具有额外风险，这种风险会降低个人的成就和进步。有些人对大声讲话、和人一起工作感到不自在；有些人对群体的组成持怀疑态度；有些人则怕做了承诺又没能力做到；还有许多人就是不喜欢那种和别人交流才能决策的工作方式；有些人无法忍受他人所犯错误的后果，正是因为这些担心和个人不适，造成了组织成员对团队的抵制。而对于一些管理人员，这一点表现得特别明显，如果自己当不上团队领导，就感到很难再加入团队，这些管理人员感到特别无法适应团队工作。

极少有人会否认协同工作的价值观的好处，或者否认团队对业绩潜在的良好影响。但是，许多人在心中仍然喜欢个人责任和业绩，而不喜欢任何群体形式的责任和业绩，不论那是团队还是别的什么群体。我们的父母、老师和其他长者，从我们小时候就开始特别强调个人责任。我们一直是在根据个人成绩，而不是集体成绩来衡量（学习成绩）、奖励（认可）和惩罚（到办公室谈话）的制度下成长起来的，一直是以名次

来决定人生道路，这造成了不论我们什么时候"想做成点事情"，第一个想法就是要承担起个人责任。

那么，即将要加入到团队的个人产生强烈的焦虑也就没什么可奇怪的了。并不是我们的文化中缺少了团队和协同工作。从《三国演义》到《西游记》和《星际漫游》，我们曾读过、听过和看过许多著名的团队的故事，它们都完成了难以完成的任务。我们从事的大多数体育活动都是团队的活动。我们的父母和其他老师也曾向我们传授团队的价值观，并希望我们能去实践。但是，对我们大多数人来说，这些令人羡慕的、却只能暗暗地钦佩的高尚品质，永远是我们作为个人的第二位的责任。个人责任和自我保护仍然是法则，建立在信任他人基础之上的分担责任只是一种例外。因此，不愿冒风险、也不愿把个人命运交给团队业绩几乎是与生俱来的想法。

3. 薄弱的组织业绩观念

不愿把个人命运交给团队的想法使大多数组织内的组织业绩观念普遍薄弱。这些公司缺少能从理性和感情上吸引员工的令人信服的目的。它们的领导人提不出让人组成这个组织的明确而且意义重大的业绩要求；更为重要的是，他们也提不出使人们信服的理由。对这个组织中的大部分人来说，这样的行为表明一个团队能否认同对员工的授权，这将在很大程度上决定团队事业的成败。最坏的是，这样的环境破坏了相互的信任和团队赖以生存的公开性。公司内部的人都知道，任何合乎逻辑的决策都必须由最高层领导来做出，而极少让执行这种决策的足够多的各层人员充分参与。权力争斗作为日常工作重点代替了业绩的位置；那

么反过来，那些造成个人不安全感的权力争斗也不可避免地进一步侵蚀了应当建立团队方法的信心和勇气。

当然，上面我们看到的只是由于团队成员的个人因素及薄弱的组织业绩观念所造成的因素，其实在团队组建过程中，还有其他一些阻碍因素存在，这些因素是：

1. 来自组织结构的阻力

（1）传统的等级官僚体制限制团队的发展。因为它主张自上而下的管理方式，团队很多时候需要拥有相当的自主权，从某种意义上来说，是对传统组织结构的一种挑战。

（2）死板而没有风险的企业文化。企业是越稳越好，但事实上成熟的企业都鼓励边缘化的探索，鼓励做一些有风险的有益的尝试，这为企业未来的生存和发展带来新的渠道和发展路径，团队在这方面其实是一种很好的尝试。

（3）从信息传递来看，传统组织结构往往是自上而下的。而团队中的个体之间、成员和领导之间，甚至团队和团队之间都可以通过信息来进行传递，可能是自上而下，也可能是自下而上，甚至可能是在平级当中进行传播。

（4）部门间的各自为政。传统的组织结构中有生产部门、销售部门、研发部门、客户服务部门，每个部门都有自己的部门职责，他们各自为政，不太喜欢相互融洽交流的团队方式打乱他们原有的阵地，但由此带来了许多问题和麻烦，公司的销售业绩上不去，销售部门说生产部门没有生产出合格的产品，次品率太多，卖不出去；生产部门说研发部

门研发出来的产品没有考虑到生产的工艺和流程，所做的开发就目前的技术、设备和人员的技术是做不到的。研发部门说只有按照我们所设计的来生产才具有竞争力。这就导致了组织的堕落、衰退，但是，团队可以整合这些力量。一个市场研发的团队过去是由研发部门自己承担，但今天吸收了来自各个不同部门的成员：可能有生产部门的成员，他们来确定研发与生产工艺如何衔接；可能有销售部门的成员，他们了解顾客需要什么样的产品。今天的研发部门其实是一种跨部门的团队合作，只有这样研发出来的产品最后在生产、销售、客户服务等环节上才能被大众所接受。

2. 来自管理层的阻力

（1）管理层担心一旦有了团队，就失去了应有的权力和定位。

（2）组织机构不再需要他们了。

（3）他们认为没有及时地授予团队权利和责任。

（4）管理层没有及时提供足够的培训和支持。

（5）管理层没有及时传达企业的总体目标并制订出相关的细则。

3. 来自个人的阻力

（1）既然强调团队的贡献，那么个人的贡献谁来承认？个人的成就感从哪儿来？

（2）如果在团队中必须保持一种合作的态势，那么个性还能不能发挥？个人优势还能不能得到认可？

（3）个人害怕团队会给他带来更多的工作。

（4）团队成员害怕承担责任。

（5）担心团队在一起工作时会出现新的冲突。

由此可以看出，在一个团队组织里，团队有时候会面对相当棘手的任务，很难成功地完成。在这样的情况下，团队成员一定要树立起信心，尽管一个团队可以放弃某个任务，承认失败，但是应该在所有的方法和资源都用尽的情况下才做这样的选择。大多数情况下，根本不应该考虑放弃。

🐉 团队需要有自信

美国一家著名咨询公司曾经做过这样一个实验，在某所名牌大学计算机系的毕业生中聘用一些人为他们研制新一代的计算机产品。一开始，他们招聘的人数是实际需要人数的两倍。通过计算机随机分组，将这些人分成两组，其中一组被告知，他们将独立地开发、研制新一代产品，并向他们介绍说，通过对他们的能力进行测验和调查，认为他们完全有能力完成这个任务，随后将必要的设备交给他们，将具体要求提供给他们。

另一组的人员也被告知，他们的任务也是开发研制新一代的计算机，接着将与第一组完全相同的设备交给他们，并向他们说明了新一代计算机的具体要求，随后让他们开始工作。第二组与第一组唯一不同的是，公司没有向他们强调，他们是有能力完成任务的。

后来结果怎样呢？由于研制新一代计算机在当时算得上是个难度较

大的任务，因此，几天以后，第二组的一些成员便开始向领导提要求，要另找一些专家来指导，原因是有些东西他们在大学里没学过，不知道该怎么干。相反，第一组没有提出这样的要求。又过了一段时间，第一组拿出了他们详细的设计图，而第二组还在等待专家的指导。

从这个案例可以看出，在团队变得比较重要时，对自然而然偏重于个人责任的强烈信念给予修正是必要的。然而，用有意设计的团队来替代注重个人的管理结构和方法将收效甚微，甚至还有害，除非这个组织内已经有了强烈的业绩观念。如果这个组织确实有了这样的观念，那么使这个组织的重点离开个人转向团队，就能使团队的数量和业绩都大大提高，特别是在管理人员也知道该如何与团队打交道的情况下更是如此。但是，如果团队并不被看作是对业绩确实重要的事，那么这个公司里还是缺少有利于团队发展的政策。虽然总会有些团队涌现出来，但它们只是例外。由于团队和业绩之间有非常重要的关系，业绩观念薄弱的公司总会自己培养起抵触团队的态度。所以说，我认为在建设一个团队组织时，就需要注意到团队管理与传统管理的区别：

1. 在团队中，团队成员要有较高的知识背景和创新能力，他们属于知识型员工；没有满足团队目的和具体工作目标所需的全部技能，团队就不能成功。然而多数团队是在建立之后才发现所需的技能的。从提高现有技能和学习新技能的潜力这两个方面来选择团队成员，一定是明智的。

2. 信任团队成员。训练团队成员从事较高水准的工作，鼓励成员努力完成任务。不要因为他们一时失去信心，认为自己办不到，或者有

时需要借助你的指导，你就把工作移交他人。一旦他们完成了这份工作，自信心将会大大增强。

3. 团队中没有管理者，只有团队协调人，团队协调人既可以是公司任命，也可以是团队成员选举产生；传统的职能部门有部门经理，一般部门经理很难更换。

4. 团队中每位成员的工作职责划分得很明确，就如每个人都有独特的个性一样，团队也是独特的。你应该找出自己所在团队的需求。如果团队的需求同你喜欢和擅长的事不能相符，那么就去寻找另一个需要你才能的团队吧！

5. 团队协调人没有命令团队其他成员工作的权力，只是在团队内部发生冲突和团队对外交往时起到调解人的作用，团队协调人有自己的本职工作；职能部门经理对部门成员负管理职责，部门经理的主要工作是管理工作，有些部门经理甚至没有需要自己亲自负责的工作。

6. 团队协调人与团队其他成员属于平等关系，这种关系体现在如果你的强项正好是团队所需要的，那么你的强项就会有更广阔的发挥空间。假如你的团队最注重人际交往能力，那么你就应该确保自己能出色地与人交流。

7. 团队中的成员由于要对自己的岗位负责，所以有一定的决策权，并且他的意见可以直接向公司决策层反映；职能部门的成员往往听从部门经理的工作安排，决策权集中在部门经理手中，他们的意见往往也会反映到部门经理那里。

8. 所有的团队是平行机构，这点与职能部门相同。如果你能够处

理好这层关系，你就会感受到在任何一个团队中，如果有一个或两个人能够引导团队最大限度地努力工作，那么他们就能推动团队提高绩效。

9. 团队的信息沟通是平行沟通。一个成功的团队不仅需要加强内部的团结与协作，同时还要加强团队内部的沟通。事实上我们都知道，管理的过程就是意见沟通的过程，任何组织或个人，一旦意见沟通终止，这个组织或个人也就到了消亡的时候。这也就是说，缺少了沟通的团体，就如同一潭死水，激不起创新的浪花，也掀不起创造的风暴，其命运也就不言而喻了。所以，在团队组织中，应该鼓励员工对团队的经营管理提出意见和建议，通过各种形式强化团队内的上行、下行及横向沟通。

团队组织比起传统组织有上述一些好处，但并不是每一个公司都适合进行团队建设。进行团队建设的两个必要前提是：公司中的知识型员工占绝大多数；公司中的年轻员工占绝大多数。这样的群体有较高的素质，并且官本位意识不严重，容易推行团队建设。事实上，每个团队都有自己的文化和组织结构，其决定了这个团队会怎样工作。明智的团队注重通过团队条例和准则，来塑造组织结构。

第六章

团队变革

一个团队，只有在竞争中打造一个好的团队模式，才能适应团队的各种变化。

企业文化变革

　　改造企业文化是一个吸引人的、有挑战性且有回报的漫长过程，你很可能永远无法彻底获得成功，但我们都明白，在这一过程中有更远的路要走，还有另外的步骤要被采纳。领导者们在管理结构复杂的组织时将会碰到无穷无尽的挑战。那些从远处看起来很完美的组织远景规划走近一看时还存在一些瑕疵。

　　想象一下，一个新的团队成员正在与另一个部门的人共同实施一项自身团队曾经实施过的决策。在向另一个部门的人描述这项决策时，这个团队成员说："我不能确定为什么我的团队决定这样做，这样的做法在我看来是起反作用的。我觉得你们需要改变这样的做法。"如此这般会产生怎样的局面呢？这样的局面就会引发我们意想不到的团队变革。那么，团队变革从哪里开始呢？我的回答是团队变革从企业文化开始。

　　从文化的观点来看，你领导的企业现在面临的情况与早期成长的情

况不可同日而语。企业的建立，必须通过某种持续成长更新的历程维护自己。虽然对企业文化的追求有时候会令人感到兴奋，而有时却又令人感到痛苦，但请记住这一点：随时受到这一过程的滋养，不要到最后一刻才去体会满足感和成就感。任何策划过改变企业文化的人都知道，整个过程既充满了愉悦又充满了痛苦。

在经过一系列的变化之后，现在必须决定是否要通过制订新的市场战略来开发新产品。打开新市场、纵向整合增进成本与资源的竞争力、购并与合并，这表明我们的公司已经有能力来继续追求这样的成长。企业过去发展与成长的历史并不一定是未来成功的最佳引导，因为环境会变，而更重要的是市场变化可能会使原本的优势与劣势有所变更。相对于此，文化在成长过程中就需要必要的黏合剂。在公司中，文化是维系一个团队的根本条件。管理者如果忘了这一点，必然会自食恶果。未来的管理者要能充分认识到，人的一生中有太多时候必须把自己的命运交付在别人手中。要真正了解，团结的力量远远胜过任何分组作业或活动的效果。因此，我们要加强团队文化与公司文化的相互联结，让团队成员真正体会到整体企业文化的作用，让他们在实际行动中亲自体验这一惊人的力量。

还有什么比利用团队来改造企业文化更有效的呢？建立团队是一个简单易行的步骤。积极地将团队建成高效进取的一支队伍以面对文化变革的挑战则是另一部分需要落实的工作。团队必须善于处理文化中须加以调整的那些方面，还必须通过改善团队工作的运作方式来达到这一目标，反过来，事先建立起团队组织是对文化变革所做的重要准备。我们

已经发现成功的要点在于对团队工作的效率加以明确，对团队为此而努力时所表现的优缺点给予信息反馈，并在文化变革的过程中向团队提供必要的技能。这些技能具有如下特点：

认为变化会自行得到解决。一种很常见的想法是，文化问题会自行得到解决，假如文化变革会带来好处，假如它是必要的话，这种想法经常是错误的。例如，一个公司与另一个公司进行合并谈判时遇到阻碍，最大的问题是公司将由哪一方管理。然而，当时人们的感觉是这个问题"会被解决"，因为双方有着强烈的合并愿望。另一个例子是，两家公司有着极不相同的意识，可是双方当时合并愿望非常强烈，然而在一开始却没有人对两种文化的迥然不同做深层分析，而后来也无人努力来融合这两种文化，导致最后的失败。所以文化问题是不会自行得到解决的。

辅助改变公司文化。当人们企图创建、融合或改变文化时，人们总是实施多样的、零散的方法。他们对文化的改变不是依照计划缜密的、循序渐进的步骤实施的。高层管理人员认为重要的行为是使用具体方法，然而这种有限的步骤很明显并不足以支持一个全面的和长久的文化变革。

一些公用事业同样需要改变公司的文化，使之在一个取消管理制度的环境中强化增长。公司需要一个权力更分散的、更偏重于团队工作的企业文化，以解决在管制环境中决策过程的过慢，以及工作节奏缓慢。综合这些寻常可见的问题，这样的办法，确实是一个避免人们出错的有效方法。一些企业行使的战略对现有的文化与将会出现的文化进行对

比分析，然后对此议题设计并行使一个强制的训练项目。但这一文化的变化是未被实现的。公司的下一步行动是实施另一个有关决策技能的项目，让团队成员真正体验到公司的管理作风、制度和处事规则。

营造团队环境。环境造就了人，并使人按照环境对人的影响而行事。如果环境并非有利于一种变化，那么这种变化就难以发生，就难以持久。在这种情况下，只有营造一个具有人性化的团队环境，才能使团队成员承担起自己应该承担的责任。

事实上，每个团队都有自己的文化和组织结构，这决定了该团队会怎样去工作。明智的团队注重通过团队条例和准则，来塑造组织结构。

如何让团队有效前进

当你考虑为支持团队结构和团队协作而着手进行企业文化变革的时候，你有必要斟酌以下我们所讲的要求，因为团队所要牢记的是将新成员引入到团队文化中来，而不是认为新成员理所当然地了解一切情况。举例来说，一位充满热情的新团队成员可能并不知道在团队中汇报和整理数据资料的规定，他可能要花很长时间才能知道这也是团队运作的一个重要方面。同时，如果新成员试图用主观臆断和推测去引导他人，那么团队就可能会陷入不可预见的冲突和延误中。

要让团队有效地前进，那么你需要有以下认识：

1. 事先做出决策

团队的本质就是决策，不管一个团队是要完成一个项目、管理一个进程还是完成一个新课题，它的基本功能就是做出会引起某个特定结果的决定。我们知道，在一个团队文化变革中，受团队决策影响的重要

人员没有被纳入团队，这种现象在团队生活的开始阶段并不明显，它只出现在考虑某个棘手的决定时。要避免这个问题，就要在事前想好谁会受到团队工作结果或团队决策的影响。这些人在团队中应扮演一定的角色，不管是作为全职成员还是顾问，他们需要做的第一步开始于最高管理者们要探讨的企业整体文化或特定的亚文化决策。

2. 事先制订计划

团队变革应该是一种事先所制订的计划，而不是当问题发生时作为补救的措施。因为制订计划能让你感受到在大部分时间内，企业规则有一个相对固定的形式，那就是展望三到五年，制订一个计划，随后执行这个计划。这很像旅游计划。确定A和B点，划一条直线，然后按照这条路线进行即可。

3. 一致与赞成

一个变革计划要求企业管理者对将来向往的文化状态和期望的结果达成一致，全体赞成，以及对目前的文化现状和为什么需要变革也表现出一致的看法。这一步骤首先发生于高层领导者中，然后扩大到整个企业。但为了实施这样一场变革，这一计划需要在思想、行为、赞成程度和力量投入方面表现一致。

4. 人人参与

文化变革要求尽可能多的员工投身其中，那些乐于让员工参与变革的领导者，有时却不能树立清晰明确的方向，使得员工对于自己的角色产生迷惑，不清楚应该做什么、如何来推动变革继续进行。这样的领导者通

常不愿意冒险，甚至不想做任何有困难的决定。当人力资源部门努力"启发"人们并促进企业文化变革时，通常会自己接受这一挑战，希望这样做能对变革有所帮助，而那样的努力将会毫无收益。

5. 建立一个团队

在知识经济时代，我们必须认识到没有一个组织能够单独完成所有的事情，只有组建一个团队才能使企业得以持续发展，只有团队之间的协作才能把企业带到永续经营的高超境界，才可以更好地达成企业的各项经营目标，才能更好地达成顾客的满意度。如何才能建立一个团队呢？我们知道，团队合作的意义不仅在于人多好办事，而且团队行动可以达到个人无法独立完成的成就。团队作为一个集体，是由不同个体组成的。此时，团队要想获得成功，成为一个高素质、高效率的团队，作为团队的建设者和领导者，在平常的时候，就要注重对团队之中每一个成员日常业务能力的训练，以提高他们的业务能力、知识水平，这对于领导来说是责无旁贷的事情。因此，只有在团队之中，每一个成员的业绩水平和能力提高了之后，团队的整体业绩水平和能力才能得以提高，才能使一个整体的团队走向进步。

🐺 团队变革不同的观点与行为

团队在进行文化变革时需要不同的思维方式和不同种类的行为。但它们不是深奥难懂的，而且通常是被描述为有效的管理方法。然而，出于多种原因，人们并没有据此行事。实际上，其中一些较为基本的原则和准则遭到了完全的忽视。我们把它们称为"从未学到过的章程"，而任何一个希望自己效能卓著的管理者都应对此进行反思。

1. 注意人员的选拔

如果仔细观察那些能够长盛不衰的企业，你就会发现，它的领导者都非常重视人员的选拔。无论是拥有数百亿资产的集团公司总裁，还是一个小小的部门经理，都不能将选拔和培养员工的任务委托给其他人，这是一项你必须亲力亲为的事。成功的领导者会让他的每一个员工都觉得自己是公司的股东。为什么，因为人们一旦感觉某个东西属于自己时，就会悉心照料它、保护它，并心甘情愿地将自己的心血倾注其中。

2．激励员工努力工作

如果你希望员工尽力把工作做得更好，如果你希望员工成为你最有价值的资产，那么，你应该让他们感觉并实实在在地成为企业的所有者。除此之外，你在培养下属方面还可以对员工的行为和绩效提出反馈意见，帮助他们更好地理解什么是有效的工作，什么不是；也可以帮助下属分析形势，通过实例和其他可选方案提高他们的能力；还可以鼓励员工，推动他们去做他们原本想要逃避的工作，帮助他们从这些原本无法得到的经验中成长。最重要的是，这样做你就能够保持对员工的高度期望，并将这种期望传递给员工，从而激励他们尽最大努力出色工作。

3．以责任心发展自我

在一个团队里，如果员工缺乏责任意识，就不可能产生有助于团队发展的兴趣和热情。如果整个公司都能够做到允许别人犯错误，为他人的学习和成长承担风险的话，不要担心，只要你能切实地实现利润和收入的增长，你所建立的文化也就必将影响到组织的其他部分，从而你所建立的文化也自然就会成为大家所效仿的对象，而非竭力排挤的异类，你才会以员工才干和潜能为标准，授予他们责任。领导人必须对自己的领导行为负责，公司一定要在日常运营中展现自己的价值观。如果这些价值观能够使员工产生一种团结协作的文化的话，这个信息就会逐步传播到整个组织，并最终在公司范围内形成一种真正的企业文化。

4．奖罚分明

优秀的领导者应该能够做到奖罚分明，并把这一精神传达到整个公司，否则人们就没有动力来为公司做出更大的贡献，而这样的公司也是

无法真正建立起一种执行型文化的。你必须确保每个人都清楚地理解这一点：每个人得到的奖励和尊敬都是建立在工作业绩上的。例如，团队中一个天性害羞的成员在努力大声说话，那么团队就应该给予这个人真诚的、正面的强化来鼓励其继续努力。在直接的补偿之外，还有许多方法可以用来表彰和奖励团队绩效，既包括高层管理人员直接对团队做的关于其使命紧迫性的讲话，也包括用奖品来表彰贡献。然而，最终最珍贵的奖励还是团队在自己的绩效中所享受到的满意感。

5．强调团队的协同工作

在一个团队中，每个成员的优缺点都不尽相同。你应该主动去寻找团队成员中积极的品质，学习它，并克服你自己的缺点和消极品质，让它在团队合作中被弱化甚至被消灭。团队强调的是协同工作，一般没有命令和指示，所以团队的工作气氛很重要，它直接影响团队的工作效率。如果团队的每位成员都主动去寻找其他成员的积极品质，那么团队的协作就会变得很顺畅，工作效率就会提高。

6．对他人寄予希望

每个人都有被别人重视的需要，那些具有创造性思维的知识型员工，更是如此。有时一句小小的鼓励和赞许，就可以使他释放出无穷的工作热情。在这样的情况下，我们为了让员工充满热情，就要形成一种团队文化，让团队成员对所从事的职业充满信心和兴趣。

在一个团队成员的一生中，无所事事的人生将是悲哀的人生，在公司中，要想成为一个优秀的员工，你不仅要把工作当成一件快乐的事，还应该乐此不疲地把这份愉悦传递给别人，使其他团队成员愿意与他人

交往或合作。这样，你的人生也将因你所从事热爱的工作而得到升华。要让他们在心里形成一种呼喊：让我们把工作当成人生最有意义的事吧！把与其他团队成员共处看成是一种缘分，把与顾客、合作伙伴会面当成一种乐趣吧！

　　7．把团队成员看作企业最宝贵的资源

　　团队作为一种先进的组织形态，越来越引起企业的重视，许多企业已经从理念、方法等不同的管理层面着手进行团队建设，并对团队做了巨大的投入。对他们来讲，团队成员才是企业最宝贵的资源，如果没有团队成员去实施每一项战略，企业的一切成长都是空谈。

　　8．不断地沟通

　　沟通在每一个企业里，都是说得最多的，但实际上能实现有效沟通的企业没有几家，对沟通重要性的强调永远都不可能过多。大多数企业都开始重视良好沟通的重要性，知道有能力做有效沟通的人才能真正激励别人，也才能将好点子转化为行动，这是所有成功的基础。有效的沟通，就理论上讲，实在并不难做到。说到底，我们每个人每天都在跟别人沟通，而且是从小就一直在做的一件事，起码我们大家都如此认为。遗憾的是，在成人的世界中，真正的、有效的沟通实在是不可多得的。

　　9．用好激励机制

　　激励是无法强求的。而你必须设法使人们力争杰出。企业的所有问题都在于人，而每个人都有自己的意愿，企业文化要研究人，研究人的意愿、人的心智、人的思考方式，如果员工本身没有被充分激励去向目标挑战，当然不会有企业的成长。所谓团队精神、团队文化，就是要

充分兼顾职工个人利益、个人的人生目标、个人的爱好和志向，充分调动每个员工的积极性，激励他们为企业的共同事业贡献力量。海尔在进行团队文化教育时，还特别强调共同价值是个体价值得以实现的根本保证，因为，一个基于个人利益增进而缺乏合作价值观的企业在文化意义上是没有吸引力的，这样的企业在经济上也是缺乏效率的，以各种形式出现的狭隘的个人利益的增进，不会给企业和社会带来好处。所以说，在制订发展战略时就必须尽量设法把员工的动力和工作能力结合起来。凡是能促使员工愿意精通本行的办法，都将有助于他们学习并采取能使自身、组织不断成功的行为，企业理念就是这样发挥作用的。

在激励过程中，不要只记住那些重要的人，他们可能已经得到了足够的关怀。不要忘记那些秘书、助理、接待人员以及信差，他们是使你的生活有序而常被忽视的一群人。问问他们得意的事，这样做绝对是正确的，起码你的信件会更快地送到你的办公桌上。

这是管理一个企业必不可少的因素，同时还意味着在这个经济时代，团队成员采取不同的思维方式和行为方式，可以使处于动荡时期的企业领导者能够帮助团队成员理解变革的每个具体细节，也能鼓励团队成员参与，从而使他们明白自己在变革中的位置并融入变革中去。

🐦 时间、耐心与努力

担当领导工作的动力来源是多方面的，有些能促成高效的领导，有些则产生干扰作用。事实上，领导的作用在于通过激励等方法，实现组织的目标。减少官僚主义、颐指气使、独断专行等行为，去除依靠命令、控制和等级来实现目标的思维。通过制订高质量的目标，并激励员工尽情施展，而不是采用强制、霸道的过程控制。靠人格的力量、以身作则，鼓励员工思考和贡献力量，最大限度地发挥员工的聪明才智，引领员工实现组织的目标。管理奇才杰克·韦尔奇是这样解释员工的力量和真正的领导艺术的：不可能有哪项业务能够离开替补席上的运动员。真正的领导艺术来自一个人的愿景的质量，以及此人激发他人尽情施展的能力。最好的经理人并不用威吓胁迫进行领导（我是老板，你得照我说的去做），他们通过感召他人产生施展抱负的愿望来领导（这是我为我们的未来设置的愿景，这样做你就能帮助它成为现实）。他确保每一名员工对企业应当如何运转

都有发言权。通过引领员工为共同目标奋斗，能有效地减少官僚主义、独断专行等阻碍员工才智发挥的障碍，为员工创造一个可以尽情施展的理想环境。

我们知道，作为一名领导者，你必须亲自参与到实际的企业运营当中去，而绝对不能以一种若即若离的态度来经营自己的企业。当你亲自参与一个项目的时候，员工们可能会认为你有点过于干涉他们的工作，但他们还是希望你对他们关注，希望你能为他们解决问题。优秀的员工总是很喜欢这样的老板。这会让他们感到自己受到了重视，从而产生一种尊重感。而且这也是领导者对员工工作表示欣赏的一种方式，同时也是对他们辛苦工作的一种回报。

事实上，在这个充分竞争的时代，企业所需要的凝聚力，更多地表现在员工的心智方面。企业需要员工对于企业目标和企业文化有一种极大的认同，需要所有的员工对于企业的事业有一种主动的参与，把它当作个人事业的一部分。尤其是作为一个卓越领导者，更要认识到作为一个优秀领导，不仅要能够换位思考，而且能够身先士卒。

有趣的是，很多企业的领导者并没有这样做，团队的凝聚力来自于员工对企业目标和企业文化的认同感与专注度，也可以叫作事业的忠诚度。但是，作为团队的领导，无论从个人的品行，还是从个人的业绩乃至整个团队的发展，都必须为大家做出榜样来。要知道，正因为你是领导，在你的身后，总是有着无数员工在看着你，你的一言一行，无论是正面的还是反面的，都会自然或不自然地引起别人的关注。

　　所以，在一个企业组织中，要使员工积极投身变革之中，否则，后果不堪设想。不管人们嘴上说自己处于何种工作状态，但有一点必须注意到，当公司发生变革时，公司的领导者就应该向员工展示他们的领导技能。在率领团队和员工共同走过变革的过程中，管理者承担了非常重要的角色。在他们的领导下，创新的思想在公司中萌动，公司得以留住客户，而富有才能的员工也愿意与公司共同发展。

团队文化的转变

团队文化的转变需要一种紧迫感，因为紧迫感有助于组建一支适当的团队，指导整个变革流程，并在团队内部完成基本的团队工作。有了紧迫感之后，就会有更多的人愿意参与决策——即使他个人可能会因此而不得不承受一定的风险，也会有更多的人愿意组织起来，即便在短期内，他们个人不会因此而得到任何形式的回报也会如此做下去。但如果想要建立一支人选适当，而且充满信任、责任感和团队精神的团队来完成变革领导工作的话，你的组织还需要开展一些其他的工作。这些工作的首要任务就是要认识由传统文化向团队文化转变的过程。

事实上，团队文化的变革不是一件简单的事，尤其是在变革时，必须认识到作为一个团队变革者，你培养出来的应该是积极工作的共事者，而不是唯命是从的职员，你的团队成员应该熟悉工作流程，对本职工作负责，并乐于分享工作成功的喜悦。如果你需要实现这个愿望，就

要充分地认识到在变革过程中所产生的状态变化。

1．从等级化转向平等化

尽管现在的众多领导者都在高谈阔论人性化、为员工提供个人发展的舞台，但大部分的企业一直表现为等级化，它们有着许许多多的管理层面，在管理者和职工以及不同等级的管理者中间有着严格的界限。这些企业领导者根本就不明白：无论是在一个强调命令与控制性的、等级森严的环境，还是在一个鼓励人人参与的环境里，我们都要明白，那些驱动管理行为的内在观点能最有力地影响到企业文化的管理作风，这些管理作风表现在管理者拥护什么，实施什么方法，并奖励何种行为。当这些事物表现一致时，领导者便在施行的管理作风和企业环境两方面表现出了意义上的一致。当这两者没能表现一致时，领导者表现的意义就是自相矛盾的。例如，拥护团队合作却不使人们承担团队协作的责任，只能被认为表里不一。假如一个领导者大谈团队却在管理上独断专行，那么独断专行的管理会被认为是其通常的工作作风。如果这位领导者奖励了有悖于团队协作精神的行为，那么，不管这位领导者如何强调团队协作的工作作风，那些被奖励的行为都会被效仿。

2．由分裂状态转向结合状态

团队成员本身具有分裂倾向，团队管理稍有松懈，就会导致团队的绩效大幅度下降。根据康宁公司的团队管理经验，团队合力常常受到下列情况的冲击：

（1）领导者变更；

（2）计划不连续；

（3）裁减成员；

（4）管理不当；

（5）规则不连续。

对于如何避免"团队陷阱"，我们有如下建议：第一，团队需要强有力的领导者。强有力的领导者能把分力转为合力，贯彻和执行团队目标，使团队成员保持对外部的灵敏度，并迅速做出反应。根据经验表明，团队比其他组织形式更需要强有力的领导；第二，统一的团队规则。优秀的团队具有统一的管理规则，并能得到所有成员的遵守，成为团队内部统一的语言。第三，精心管理、细心呵护。"团队陷阱"产生于微妙之处，所以团队需要管理者和成员的细心呵护。

3. 由独立状态转向合作状态

在团队中做事情，尤其不要求全责备。团队中有那么多的伙伴，只要你能够与大家共同合作，就能够形成一个完美的状态。所以，我们在构建团队时，要看重成员之间的各种特长，并能把这些特长结合起来，使团队成员能够互为依靠。因为互为依靠能够使成员把压力变为动力，并能在重大压力下取得成绩，同时以不同的方式促使每位员工对同事都产生感激之情和责任感。

4. 由竞争状态转向竞合状态

对一个团队来讲，在竞争中的唯一要求就是获胜，只要获胜，中间的一切过程都可以忽略。毕竟我们要的是结果，而不是过程。因为更多的时候，我们在取得结果的过程中会受等级意识、小团体意识和个人主义等的影响，这些影响已经使人与人、部门与部门、机构与机构之间的

竞争呈固定化状态。这一切现象对客户一直是不利的。所以，为了摆脱这些不利因素，一个真正的管理者不应该被这些因素吓唬住，而应该从失败中总结经验教训，继续进行自己的事业。失误、失败并不可怕，关键在于如何从失败中奋起，反败为胜。

5. 从经验型的处事方式向勇于开拓的处事方式转化

在一个企业里，经验能够促使整个部门的工作向着更为良性的方向发展。作为一名领导者，你的成长过程实际上就是一个不断吸取知识和经验，乃至智慧的过程，所以，你工作的一个重要组成部分就应当是把这些知识和经验传递给下一代领导者，而且你也正是通过这种方式来不断提高组织当中个人和集体的能力。不断学习并把自己的知识和经验传给下一代领导者，这正是你取得今天成就的秘诀，也是你在未来能够引以为荣的资本。毕竟企业领导的看法至关重要，决定着他们的决策、他们的远大抱负以及他们所营造的企业环境，你的远大抱负的实现就在于你是否做到了让每个团队成员为你奋斗。